U0719981

全國高等院校古籍整理研究工作委員會重點項目

浙江大學「211工程」三期「古代文化典籍整理、研究與保護」項目

義烏叢書編纂委員會
浙江大學浙江文獻集成編纂中心 編

杏溪傅氏禹貢集解

〔南宋〕傅寅 撰
趙曉斌 點校
張涌泉 審訂

中華書局

圖書在版編目(CIP)數據

杏溪傅氏禹貢集解/(南宋)傅寅撰;趙曉斌點校. —北京:中華書局,2021.3
(義烏叢書·義烏往哲遺著叢編)
ISBN 978-7-101-15051-3

Ⅰ.杏… Ⅱ.①傅…②趙… Ⅲ.①歷史地理-中國-古代②《禹貢》-研究 Ⅳ.K928.62

中國版本圖書館 CIP 數據核字(2021)第 023564 號

書 名 杏溪傅氏禹貢集解
撰 者 〔南宋〕傅 寅
點 校 者 趙曉斌
審 訂 者 張涌泉
叢 書 名 義烏叢書·義烏往哲遺著叢編
責任編輯 梁五童
出版發行 中華書局
(北京市豐臺區太平橋西里 38 號 100073)
http://www.zhbc.com.cn
E-mail:zhbc@ zhbc.com.cn
印 刷 北京瑞古冠中印刷廠
版 次 2021 年 3 月北京第 1 版
2021 年 3 月北京第 1 次印刷
規 格 開本/880×1230 毫米 1/32
印張 9½ 插頁 2 字數 200 千字
國際書號 ISBN 978-7-101-15051-3
定 價 65.00 元

義烏叢書編輯部

總序

汩汩義烏江，從遠古流來，流過上山文化，流經烏傷古縣，流入當今小商品之都，流成一條奔涌着兩千兩百餘年燦爛文明浪花的歷史長河。

義烏江流域，山川秀美，物華天寶，文教昌盛，地靈人傑。自秦王政始置烏傷縣，兩千兩百多年的歷史時期，勤勞智慧的義烏人在此耕耘勞作，繁衍生息，改造山河，創造了璀璨的歷史文化。

義烏地方文化，是中華民族文化的組成部分，因其獨特的地理環境和歷史原因，又具有自身鮮明的特徵。

義烏文化的獨特性，體現在「勤耕好學、剛正勇爲、誠信包容」的義烏精神裏，體現在「崇文、尚武、善賈」的義烏民俗裏，體現在「博納兼容、義利並重」的義烏民風裏。義烏精神及民風、民俗遂成爲源遠流長的中華民族文化之泓泓一脈，成了中國歷史上不可或缺的一頁。千百年來，義烏始終在傳承着文明，演繹着輝煌，從而使義烏這座小城魅力無限。

義烏自古崇尚耕讀，特别是唐代之後，學風漸盛，素有「小鄒魯」之稱。自宋以來，縣學、社學、書院及私塾等講學機構多有設立，而「莅兹土者，莫不以學校爲先務」。故士生其間，勤奮好學，蔚成風氣，學有成就，燁燁多名人。並且，輻射出巨大的文化能量，不僅本地名儒代有，在浩浩學海與宦海中大展宏圖，而且還活動過、寄寓過數不勝數的全國各地的文化名人。從文人學者到書家畫師，從能工巧匠到杏林名家，其生動活潑的文化創造與傳播，綿延不絶的文化承續與傳遞，從來没有湮滅或消沉過。在博大精深的中華文化領域裏獨樹一杆頗具特色的義烏文化之幟，在優雅千載的儒風中誕生了許多屹立於中華民族之林的英傑。也正是文化底藴的深厚與文化内涵的博大，造就了令人神往的義烏，使其作爲中華文化淵藪的鮮明形象而歷久彌新。

歷史，拒絶遺忘，總要把自己行進的每一步，烙在山川大地上。

時間逝而不返，它帶走了壯景，淘盡了英雄，留下了無數文化勝迹和如峰的聖典。只有在經過無數教訓和挫折之後的今天，人們才逐漸認識到作爲一個複雜系統的組成部分，城市的各要素所具有的種種不可替代的價值和功能，它們飽含着從過去傳遞下來的信息，而《義烏叢書》正是記録這些信息的真實載體。

歷史是無法割斷的，許多古老的文化至今仍然在現實生活中發揮着重要作用。當我們向現代化的目標邁進時，怎樣繼承古老文化的精華，剔除其封建糟粕，在傳統文化的基礎上建立社會主義新的文化格局，是一個擺在我們面前與物質生産同等重要的任務。

一位哲學家曾經説過，哲學就是懷着鄉愁的衝動去尋找失落的家園。今天，我們正處於一個重要的歷史性轉折時期，越來越多的有識之士也開始意識到，對民族民間文化源頭的追尋迫在眉睫。鑒於此，我們編纂出版《義烏叢書》，具有深遠的歷史和現實意義：

搶救文化典籍，古爲今用　文化典籍中的善本古籍，是前人爲我們留下的寶貴精神財富和歷史見證，極富文獻價值和文物價值。義烏歷代文士迭出，著述充棟。這些歷經滄桑而幸存下來的「國之重寶」，或出於保護的需要，基本封存於深閣大庫，利用率甚低；或由於年代久遠，幾經戰亂，面臨圮毀。如今，《義烏叢書》編纂工作的啓動，爲古籍的保護與使用找到結合點，通過影印整理，皇皇巨著撣除世紀風塵，使其化身千百，爲學界所應用，爲大衆所共享；同時，原本也可以得到保護。真可謂是兩全之策，是爲民族文化續命，是爲地方文化續脈。

繼承傳統文化，發揚光大　在義烏歷史上，有許多人文典故值得挖掘，有許多可歌可泣的先進事迹值得記載。撥浪鼓文化需要傳承，孝義文化值得發揚，義烏兵文化應予光大。但由於歷史上的義烏是個農業縣，文化底蘊雖然深厚，載入史册的却寥若晨星。而深厚的歷史文化傳統能孕育和産生强大的文化力，能爲塑造良好的城市形象提供重要基礎，這種文化力所形成的精神力量深深熔鑄在城市的生命力、創造力和凝聚力中，是推動城市經濟和社會進步的内在動力。因而，《義烏叢書》編纂者堅持傳統文化與現代文化相銜接，精英文化與大衆文化相兼顧，創作出義烏歷史上從未有過的文化系列叢書，既是精神文明建設的需要，也是物質文明建設的需要。

追溯文化發源，承前啓後　義烏經濟的發展，並非無源之水，無本之木。「參天之木，必有其根；環山之水，定有其源。」義烏發展的文化之源、義烏商業的源流之根、義烏文化圈的形成特質，包括宋代事功學説對義烏「義利並重、無信不立」文化精神的影響，明代「義烏兵」對義烏「勇於開拓、敢冒風險」文化精神的影響，清代「敲糖幫」對義烏「善於經營、富於機變」文化精神的影響等。因而，如何用文化來解讀義烏，也成了《義烏叢書》的重要組成部分。

廣義的文化幾乎無所不包，狹義的文化基本限於觀念形態領域。從以上包含的内容可看出，《義烏叢書》對「文化」的界定，似乎介於廣、狹之間，凡學術思想、哲學原理、科技教育、文學藝術等多個類别與層次，均在修編範圍之内。

幾千年歲月蘊蓄了豐贍富饒的文化積澱。面對多姿多彩、浩瀚博大的義烏文化形態，我們感受到了其内在文化精神的律動。

保存歷史的記憶，保護歷史的延續性，保留人類文明發展的脈絡，是人類現代文明發展的需要。如今，守望歲月的長河，我們不能不呼籲，不要讓義烏失去記憶。

《義烏叢書》卷帙浩繁，她集史料性、知識性、文學性、可讀性、收藏性於一體，以翔實的史料、豐富的題材、新穎的編排，全景式地再現了江南「小鄒魯」的清新佳景和禮儀之邦精深的内涵。走進她，就是走進時間的深處，走進澎湃着歷史的向往和時代的潮音的實地，去領略一個時代的結束，去見證另一個時代的開始。宏大精深的傳統文化曾經是，也將永遠是義烏區域文化賡續綿延的基石，也是義烏繼續前進乃至走在全省、全國前列的力量。在建設國際商都的進程中，搶救開發歷史文化遺產，掌握借鑒先哲遺留的豐碩成果，是全市文化學術界的共同期盼。因而，編纂這套叢書既是時代的召唤，也是時勢的需要。

習近平總書記近年來一直强調，文化自信是更基礎、更廣泛、更深厚的自信。我們認爲，地方文化是中華文化的本質特徵和根本屬性，是中華文化的重要代表。我們對地方文化源頭的追尋，正是爲了堅定我們中華文化的自信。這也正是我們編纂出版《義烏叢書》的主旨與意義所在。

義烏叢書編纂委員會

目録

前言

一、傅寅生平事略

傅寅（一一四八——一二一五），字同叔，南宋婺州義烏雙林鄉（今義烏市佛堂鎮嵇亭村一帶）人，是一位極負時譽的學者、處士。因講學於杏溪，人稱杏溪先生。傅寅《宋史》無傳，幸有門人朱倞《杏溪先生傳》（載《義烏青巖傅氏宗譜》）存世，述其生平甚詳，元黄溍《杏溪祠堂記》亦頗言其事。以下綜合諸文，對傅寅生平事迹略作稽考和梳理。

傅寅世居婺州義烏，曾祖傅榮，祖父傅滂，其父傅孝儼。其母樓氏，禱於石姥山而有孕。雖出生時，家道已中落，但貧寒的家境並未影響傅寅的求知欲，幼年便已表現得不同凡響，「骨秀神聳，幼有器識。好讀書，晝夜不倦」，並且涉獵廣博，好讀異書，經史百家悉能成誦。早年師從鄉賢朱月堂先生。讀書之暇，四處尋訪鄉里多聞之士，「每之野，雖山翁老農亦無所不訪……聞有村民某翁者，舊嘗遇異人，知星曆，推日月蝕良驗。一日踵其門，匃遇，徑入其室，得其書，挈之以歸。明日，叟挾杖來，索書甚怒。先生敬謝之，遂傳其學」（《杏溪先生傳》）。這種廣收博取、不名一師的學習方式，爲他日後從事學術研究打下了扎實的基礎。

青年時的傅寅，曾與同鄉朱誾（字純叔）結伴，遍遊江淮大地，尋訪六朝故迹，勘察地理形勢。他的部分詩作即反映了這段經歷，其《金陵懷古》詩曰：「細看鍾山與石頭，金陵真是帝王州。六朝有恨憑誰洗，江水無情空自流。」《鳳凰晚眺》云：「雲黯遥岑雨水停，東風又送晚潮平。江船塞斷秦淮路，盡是縈牽利與名。」

這次遊歷使傅寅獲益良多，回義烏後，他將所見所聞與有關史籍相對照，問詢長者故老，探求興廢成敗之故。進而對天文、地理、明堂、封建、井田、律曆、兵制之類，這些被當世學者置而不講之學，都進行了深層次的研究，有不甚明白之處，無不窮根究底，反覆論證，糾其僞謬，博采衆説而斷以己意，最後匯成一書，名曰《群書百考》。

宋孝宗淳熙九年（一一八二）或稍後，傅寅結識了南宋婺學的著名代表人物、經制學派的創始人——唐仲友。唐仲友（一一三六—一一八八），字與政，金華人，號説齋，學者稱説齋先生，紹興二十四年（一一五四）進士，紹興三十年（一一六〇）中博學宏詞科，累官江西提刑、通判建康府。淳熙九年，唐仲友遭朱熹彈劾免官（即所謂「台州事件」），回到婺州老家，在東陽安田書院開壇講學。是時傅寅三十四五歲。恰好安田書院的創辦者吴葵是傅寅的表兄，傅寅遂得以向唐仲友請益，執弟子之禮。兩人學術旨趣相近，互相質疑問難，皆有論據可反復。唐仲友大悦，引爲知音，目爲益友。據《宋元學案·説齋學案》載，唐仲友入主安田書院時，隨行弟子百餘人，而傅寅被目爲「上座弟子」，於説齋門人中排在首位。

隨着學術研究的深入，傅寅的影響力也與日俱增。當時婺學的另一位代表人物，金華的吕祖儉曾邀他至金華麗澤書院講學[一]。黄溍《杏溪祠堂記》載：「大愚吕公

〔一〕據吕祖儉事蹟推斷，事情或發生在淳熙十五年（一一八八），時吕祖儉調衢州法曹之後、除藉田令之前。此年吕祖儉、唐仲友均在金華。

（呂祖儉）閲其《禹貢圖考》曰：『是書可謂集先儒之大成矣。』揭其圖，請申言之，而坐諸生以聽，且曰：『以所能者教人，所不能者受教於人，理之所在，初無彼此。』先生亦樂爲之盡，亹亹不倦。」傅寅感呂氏知遇之恩，傾心相交，結爲密友。以至於後來呂祖儉遭放逐，仍致書傅寅云：「他日倘得生還，與同叔訂證古書於林泉間，足矣。」（《杏溪先生傳》）傅寅亦終身悲之。其《禹貢集解》書中引諸家説皆稱「某氏」，唯提到祖儉之兄祖謙，一概稱「東萊先生」，可見關係非同一般，或疑傅寅居義烏時曾學於呂祖謙（參瞿鏞《鐵琴銅劍樓藏書目録》）。

傅寅終身未仕，以教授舉子爲業，在教書育人方面頗有心得。朱倞《杏溪先生傳》云：

蓋先生於學，殆若宿悟，而又資取甚博，參驗甚精，要其歸宿，必使之於義理相發明而後止。其教人亦然。以爲下學上達，自有次第，廣大精微之妙，寓於制度，文爲之粗。不先其小者、近者，而驟語以大者、遠者，後生淺薄，學益不實，故於小學尤所留意。謂世之教童蒙者，强以記誦，而不導之以訓義，久益廢忘，非教也。惟優游涵養，就其耳聞目見者指誘之，久則倫類自通，與於義，樂於學矣。嘗舉杜工部詩「隨風潛入夜，潤物細無聲」二語，以爲此乃教小兒法也。有來學者，必先授以《曲禮》《内則》《少儀》《鄉黨》諸篇，及制度則必曉之以器物，如明堂則以工匠之規矩丈尺爲準，井田則必指田畫畝爲驗，他皆類此。雖義理之説，則必以日用實事證之，故經先生指畫者，皆實學可措諸用。惟不喜人讀兵書，曰：「胸次未有《論語》《孟子》爲權衡，遽聞詭詐之説，則先入者爲主，害心術矣。」

這段文字從四個方面概括了傅寅的教育理念：首先，講究循序漸進，由淺入深。其次，强調讀書不能滿足於對文字的誦記，或停留在一知半解、淺嘗輒止上，重點在於對文章義理的充分理解和領悟。其三，講求觸類旁通，潛移默化，如春風化雨，潤物無聲。其四，强調人格完善的重要性，若尚未具備道德心性之修養，便學習兵書、權謀之類，只會害人心術，誤人子弟。

凡經傅寅指點者，「皆實學可措諸用」，因而求學者比肩繼踵，前後多至數百人。傅寅在朱熹弟子黄灝家授課最久，「賓主之間，惟以義理相箴切，不爲無益語」

（《杏溪先生傳》）。在婺州知州孟猷家教書時，因他成了知州的座上賓，親朋故友多有請託求助者，傅寅概不轉達，爲此得罪了不少人。傅寅不忍因此失去平生親故，遂不顧孟猷挽留，辭教還鄉。

傅寅醉心學術，不善甚至不屑於經營生計，還經常接濟族人，導致生活日益艱難，晚年更是困頓不堪。黄灝出任浙右常平使時，曾贈以銅錢五十萬，傅寅悉數分給宗族鄉親，一無所留。時任婺州知州孟猷得知，歎息道：「使賢者饑餓於我土地，吾恥之。」主動捐出自己的俸禄，聯合親友及好義者，爲傅寅買田築室於東陽泉村。

傅寅晚年，安貧樂道，以詩書自娱，諷詠不離口。感物述懷，操筆運就，其詩不加雕琢，「閑遠古淡，有淵明、康節風」（《宋元學案·説齋學案》）。吕祖儉曾得到傅寅《歲朝吟》一詩，歎詠不已，稱讚其詩：「雪寒自許，愈見高勁。」友人吕應焱有詩讚曰：「學究乾坤奥，聲名世共知。撑腸三萬卷，遺興百篇詩。節概窮彌壯，精神老不衰。著書驚絶筆，後學孰宗師。」（《弔杏溪先生挽章》）傅寅臨終前，猶强自危坐，作《捕蝗詩》一首，屬纊時，墨迹猶未乾。這些詩作大部已佚，令人扼腕。

嘉定八年（一二一五）九月廿五日，傅寅在東陽泉村的家中與世長辭，享年六十八歲。翌年十二月十二日，葬於泉村外之懷德鄉西溪原。

傅寅娶妻王氏，生女二人，子七人：大川、大有、大原、大逵、大東等，皆能克紹家學。諸子中，傅大東爲人敦厚，克肖父德，最具其父遺風。傅大原追隨慈湖先生楊簡，以聖賢經濟自任，不樂仕進，得楊簡器重，爲説以贈。姪子傅定拜於朱熹門下，得其微言奧旨。

傅寅一生筆耕不輟，著述頗豐，有《群書百考》一部凡十卷，今僅存《禹貢集解》二卷；《春秋解》二卷，已佚；詩集十卷，今存二十一首。

二、傅寅治學特點與主要學術成果

傅寅的治學特點，首先是用心極專，治學極勤。幼年即「好讀書，晝夜不倦」。後來研究學問，「究觀篤考，窮日夜不愒。無是書，則多方從人借之，月累歲積，而其學成矣」（喬行簡序）。平生嗜書如命，「得錢輒買書，語家人曰：『此爲吾子孫買田宅也。』」學生朱倧謂「先生之學，精深刻苦」（《杏溪先生傳》），殆非溢美之辭。

其二是治學博雜，涉獵廣泛。傅寅對古代制度如明堂、封建、田賦、樂律、兵制之類，無所不研，諸家之説，無所不觀。這一點與其師唐仲友的治學風格基本一致。《宋元學案·説齋學案》記述唐仲友治學：「上自象緯、方輿、禮樂、刑政、軍賦、職官，以至一切掌故，本之經史，參之傳記，旁通午貫，極之繭絲牛毛之細，以求見先王制作之意，推之後世，可見之施行。其言曰：『不專主一説、苟同一人，隱之於心，稽之於聖經。合者取之，疑者闕之。』」

這種不專主一説，古爲今用的雜博治學方式，在一定程度上影響了傅寅的學術旨趣。作爲首席弟子的傅寅，在治學旨趣上，與其師如出一轍。唐仲友目之爲益友，不爲無因。這一特點，甚至影響到傅氏後人的治學傾向，《宋元學案·説齋學案》與《杏溪先生傳》均提到，傅氏「一家之中，旁搜博采，不名一師」。

其三，也是最突出的特點，講求實用，注重實踐。這一點也頗合唐仲友的旨趣。唐氏提倡學經經世，高舉「務實」旗幟，故廣涉天文、地理、刑政、經史、傳略等，旨在通過制度考證，返古求實，「以求見先王制作之意，推之後世，可見之施行」。傅寅講求實學的主張，與此有一定關聯。然而，唐仲友、吕祖謙等倡導的經制事功之學，雖在理論上强調實學，但在實踐上則不無欠缺，因此頗遭人詬病。傅寅知之，故身體力行，將日常生活實踐與義理相結合，力糾其弊。《宋元學案·説齋學案》云：「自經制事功之學起，説者病其疏於踐履，而先生（傅寅）之教人……其日用之間，與義理相發明，而知道之與器未嘗相離也。」後學陳聖圭《杏溪先生暨子敬、子誠、顯齋四大儒傳》稱「吾鄉傅杏溪先生，遊唐、吕之門，講體用之學，以發明義理爲要，而期措於實用」，指出傅寅的治學特點是將義理與實務融爲一體，誠爲卓識。

傅寅的學術成果，據載有《群書百考》十卷（大部已佚，僅存「禹貢説」）、《春秋解》二卷（全佚）。《群書百考》是一部内容遍及天文地理、典章制度的學術專著，係傅寅畢生心血之所注。傅寅本人亦引以爲生平得意之作，曾在詩中説：「我富群書考，君饒萬頃田。與君換不得，此事總由天。」（《贈吴叔明》）

喬行簡序《禹貢集解》曰：「（先生）乃能取古書天官、地志、律曆、權度、井田、兵制、分寸零整、乘除杪忽之説，究觀篤考，窮日夜不惕。無是書，則多方從人借之，月累歲積，而其學成矣。遂取其書，事爲之圖，條列諸説，而斷以己意，名曰《群書百考》。《禹貢説》蓋其一也。」傅寅對各種典章制度、天文地理等作了通盤考察，分類論述，一事一文，圖文結合，匯爲一編，總稱《群書百考》，其中即包括後來題爲《禹貢説斷》或《禹貢集解》的「禹貢説」。

從篇幅上來看，僅「禹貢」一説即達九萬字之多，則《群書百考》全書卷帙之巨不難想見。如此一來，《群書百考》的刊刻傳播便成了傅氏一族無力解決的難題。因此喬行簡在序中説「《百考》文多，欲鋟之板未辦，姑摭其《禹貢説》出之」，當然，所謂「百考」並非實有百種，而是虚指。傅寅之子（佚名）在《讀〈群書百考〉管見》中提到：

然今老矣，學不加進於父書，豈能有所增益，而其已成者詎可使之泯没散失而無傳哉？辛亥需次家食，撥置舉業，顓意古作，頤神數月，敬讀父書，或間以管蠡之見書下方之端，録其副，寶藏其舊，以俟家之能讀父書傳者，增光而潤飾之焉。因念昔先君遊唐、吕之門，講體用之學，退而雞窗月牖，朱黄不離於手，稽考必極其精，古之闕疑奥義，支分節解，若有宿契者，故欲爲《群書百考》，成其七十二而止焉。

如以上文字屬實，那麽《群書百考》實際完成了七十二種。後人不明於此，每每望文生義，以爲「百考」必有百種，如元黄溍《杏溪祠堂記》：「先生於天文、地理、明堂、封建、井田、律曆、兵制之類，世儒置而不講者，靡不窮究根穴，訂其謬誤，資取甚博，參驗甚精。事爲一圖，累至於百，號曰《群書百考》。」另外，在後學青田陳聖圭撰寫的《杏溪先生暨子敬、子誠、顯齋四大儒傳》中，尚有另一種説法：「號曰《群書百考》，行於世者三十有二，藏於家者六十有八。」其據未詳。

由前文亦可知，直至傅寅殁後三十六年（淳祐辛亥，即一二五一年），《群書百考》全書仍僅有抄録本。但傅寅既已聲名在外，仰慕者衆，書稿難免通過各種途徑流傳出去。不久以後，婺地出現了一部同類型的巨著——章如愚的《山堂先生群書考索》，被認爲吸收了《群書百考》的成果，並取代《群書百考》而盛行於世。元吴师道《敬鄉録》載：「傅寅字同叔，號杏溪，義烏人。……同叔所著有《群書百考》，章如愚俊卿《考索》出於此而加詳。今《考索》盛行，而《百考》鮮有讀者矣。」隨着規模更大、内容更詳的《山堂考索》的流行與傳播，《群書百考》逐漸湮没無聞，消散在歷史的長河中。

三、本书在《禹貢》學史上的地位與價值

《禹貢集解》作爲傅寅《群書百考》中唯一傳世的著作，其學術價值早已得到學界的公認。《杏溪祠堂記》載吕祖儉見此書後，讚歎「是書可謂集先儒之大成矣」。清高宗讀罷此書，御製《題傅寅禹貢説斷六韻》給予充分肯定：「《指南》向已題毛晃，《説斷》兹當屬傅寅。五服九州辨貢賦，三江四海析涯垠。積年累月而窮究，繼晷焚膏亦苦辛。代易時陳因失舊，定譌補闕爲完新。衹台要以知德先，紛彼奚辭注語頻。更有諸家難著筆，流沙今越海西濱。」《四庫全書總目提要》評其：「書中博引衆説，斷以己意，具有特解，不肯蹈襲前人。其論《孟子》『決汝漢排淮泗而注之江』爲古溝洫之法，尤爲諸儒所未及，洵卓然能自抒所見者。」清人胡鳳丹亦稱其「考辨詳明，證據精審」。

在《尚書》學史上，南宋是一個重要時期，出現了一批研究《禹貢》的專門之作，其中尤以傅寅《禹貢集解》、毛晃《禹貢指南》、程大昌《禹貢論》三家最爲著名，代表着宋儒在此領域的最高成就。傅寅此書的價值，可從以下五個方面來理解：

（一）在義疏之學日漸式微的南宋，傅寅發揮經制學派的長處，重拾義疏之學並有所發展。正如同鄉喬行簡所云：「今學之不古，若科舉之習害之也。明經記誦，固不足以言古，然猶近古。文詞之習興，而義疏之學泯矣。利所不在，誰復睥目視之乎？」在這樣的社會環境下，傅寅能重拾「古書天官、地志、律歷、權度、井田、兵制、分寸零整、乘除杪忽之説」，月累歲積，究觀篤考，殊爲難得。此書在體例上仍屬於集解之體，彙集諸家之説，依經文次序，逐句疏解，斷以己意。但與傳統的集解體不同，此書並非簡單地羅列諸説，而是在博引衆説之後，折衷明斷，時出新意，發前人所未發。正如四庫館臣所云，「博引衆説，斷以己意，具有特解，不肯蹈襲前人。其論《孟子》『決汝漢排淮泗而注之江』爲古溝洫之法，尤爲諸儒所未及」。又如「浮于江、沱、潛、漢」條下，傅氏注云：「自孔安國有『順流曰浮』之説，學者多信之，而余竊有甚疑者。豫貢浮于洛，達于河，順流也；雍貢浮于積石，至于龍門西河，亦順流也，而濟、漯受河而東流，兗貢浮濟、漯以達于河，果爲順流乎？泗水東流入淮，徐貢曰淮以浮泗，自泗以達河，果爲順流乎？況荆貢所謂浮于江、沱、潛、漢，正如程氏各隨其便之説，而逾洛則是遡漢而上，無水可以通河，故捨舟陸行以入洛，由洛以至于河耳，又安可謂浮漢爲順流乎？浮也者，舟行水上之謂。」以其對河流走向、地理形勢的充分認識，力糾孔安國「順流曰浮」之謬説，頗具説服力。

又如在《滎澤辨》一文中，對前代注家以色味辨河流的不經之談作了辯駁，通過對水的走向、流勢、寬徐、滿盈的考察，肯定了程大昌觀點的正確性：「濟既入河，與河相亂，而其溢爲滎也，禹安知其爲濟哉？孔穎達謂以其色辨，東坡謂以其味別，而許敬宗則以爲入河伏流而出，鄭漁仲則以爲簡編脱誤，林少穎則以爲禹分殺水勢，而程泰之則又以爲水會於河既多，河盈而濟繼之，故溢而注滎也。紛紛之論，將孰從而折衷乎？余嘗思之，程氏之見比諸公爲勝。夫河自積石而來，所受水爲不一，而至於歷華陰而東行，則又有伊、洛等水會之，河之盈可知矣。然河自孟津以東，其地稍平，其勢稍緩，而加以水之滿盈，則其流寬徐，益與厎柱而上不同矣。沇水自北而南，勢鋭而流捷，衡河横度，固當時所有之事也。今時水潦驟集，山流横突溪澗，其勢狀尚可辨視，況於濟之衡河南出，滎口浩博，禹何待於區區味辨色别而後知邪？」

（二）圖文結合，頗富新意。傅寅特别强調研讀《禹貢》必先熟悉地理形勢。該書卷首有傅氏所繪「禹貢山川總會之圖」「九河既播同爲逆河之圖」「三江既入震澤厎定之圖」「九江東陵彭蠡北江之圖」。這些地圖，方位的標示與今天大致相同，雙綫爲水，山峰爲象形符號，地名不加框或圈。各圖附有大量考證性文字。可謂圖文並茂，簡明扼要，生動直觀。對此，清人胡鳳丹有高度評價：「天下之大利在於水，天下之大患亦在於水，自《集解》一書出而江、淮、河、漢之形勢如馬伏波聚米爲山谷，一一悉在目前，苟於此融會而貫通之，復何慮水利之不興與水患之不去哉？古稱大禹治水爲天下萬世之功臣，然則先生其大禹之功臣乎？」（金華文萃本《禹貢集解序》）

與他書不同，傅寅以圖解説《禹貢》地理，仍採用集解之體，引諸家之説，然後斷以己意。同時代毛晃的《禹貢指南》則或引諸家，或徑出己説，或參考他圖以爲論據。傅氏繪圖的目的是辨明地理形勢，爲下文考證提供參考，如「導岍及岐」條下，傅寅自云：「今圖岍岐等山及諸水以觀之，則凡畎澮距川，自可意見，若夫條列之説、地脉之説、決懷襄之説、遂風土之説，皆無足取也。」

（三）善於總結《禹貢》體例，指出《禹貢》在表述上自有互見之法，令人耳目一新：「今觀《禹貢》而冀州不言疏九河，以九河爲兖州之地而首言於兖州故也；不言瀹濟、漯，以漯流兖州，濟歷豫、兖而不可總之於冀故也。且又導九州之首尾，各已條列於後。儻於每州一一言之，則經文不幾於重複之甚乎？又況禹之治水，苟其利害相因，則雖曰異州，亦必有同一時之役者。如其必待某州之功畢，然後治某州，則禹之聖，豈無權而幾於執一者乎？或曰：壺口、梁、岐之役，曾氏以爲鑿龍門，而冀州所記不及龍門，何也？曰：導河積石，至于龍門，已列之於後，故於此但言壺口、梁山，所以互見其事也，亦猶言『導岍及岐，至于荊山，逾于河』，而捨梁山不言者，與此治梁互見之也。壺口、雷首至于太岳，則上捨太原而不言，下舉雷首，以見治龍門梁山之下。而厎柱、析城、王屋、太行之治，則覃懷厎績之由也。《禹貢》一書，吾姑舉其一州言之，其互見之法精密如此，學者可得而易言乎哉？」

（四）關注現實，試圖借鑒上古經驗，解決當代水患難題。《禹貢集解》不僅僅是一部經典的注解，也在解釋經文的過程中，探討其對現實生活的啓示和借鑒意義。如在「九山刊旅九川滌源九澤既陂」條下，特意將程大昌對歷代治理河隄得失的論述，洋洋灑灑近兩千字附於條目下，指出：「程氏之論河隄，究極古今，發明利害，真有用之學也。余愛之不忍棄，編之於此，則夫學《禹貢》而但識山川之名者，可以愧矣。」

（五）保存文獻之功。此書博引先儒衆説，使一些已經失傳的《禹貢》學著作，如王安石之《尚書新議》、張九成之《尚書詳説》等得以保存佚文；以及葉夢得、蘇軾、林之奇、吕祖謙等諸家之説，亦得以存其異文。據不完全統計，傅氏引諸家學説有三十餘家（詳見下表），並廣引大量地理類文獻，如《爾雅·釋地》《九域志》《北唐志》《隋書·地理志》《晉書·地理志》《後漢·郡國志》《五代職方考》《輿地志》等，所引之書有些早已亡佚，有些僅見於他書所引，賴《禹貢集解》得以保存，吉光片羽，足可寶也。

不可否認，同宋代其他《禹貢》學專著一樣，此書也存在自身無法克服的時代局限，比如將後世地名等同於《禹貢》地名，對漢以前地理缺乏深入研討等。由於古今地理變遷，一些訛誤在所難免。傅寅在《禹貢集解》中對「三江」「九河」等的考辨，充分展示了利用繪製地圖進行地理考證的新方法，體現了當時地理學領域在思想、方法上的新發展，值得後人充分重視。

傅氏所引諸家説解簡表

書中稱謂	對應人名及著述	書中稱謂	對應人名及著述
孔氏	（漢）僞孔傳	李氏	（漢）李巡
鄭氏	（漢）鄭玄	劉氏	（漢）劉歆
司馬氏	（漢）司馬遷《史記》	許氏	（漢）許慎《説文解字》
漢王氏	（漢）王横	郭氏	（晉）郭璞《爾雅注》
班氏	（漢）班固《漢書》	韋氏	（晉）韋昭（疑）
馬氏	（漢）马融	酈氏	（北魏）酈道元《水經注》
桑氏	（漢）桑欽《水經》	杜氏	（唐）杜佑《通典》

續表

書中稱謂	對應人名及著述	書中稱謂	對應人名及著述
唐司馬氏	（唐）司馬貞《史記索隱》	沈氏	（宋）沈括
陸氏	（唐）陸德明《禹貢釋文》	葉氏	（宋）葉夢得《石林尚書傳》
顔氏	（唐）顔師古《漢書注》	陳氏	（宋）陳鵬飛《書經》
唐孔氏	（唐）孔穎達《尚書正義》	東萊先生（吕氏）	（宋）吕祖謙《東萊書説》
林氏	（宋）林之奇《尚書全解》	鄭氏	（宋）鄭樵
程氏	（宋）程大昌《禹貢论》	曾氏	（宋）曾肇《尚書講義》（疑）
蘇氏	（宋）蘇軾《書傳》	晁氏	（宋）晁補之
王氏	（宋）王安石《尚書新義》	薛氏	（宋）薛季宣（疑）
張氏	（宋）張九成《尚書詳説》（疑）	吴氏	待考

四、本书主要版本情況及整理説明

《杏溪傅氏禹貢集解》現存主要版本如下。

（一）宋刊元修本，二卷，書前有圖四幅，現藏國家圖書館。據卷首喬行簡序，此書刊於傅寅亡故後，可知此本的初刻年代當在傅、喬二氏卒年之間，即公元一二一五至一二四一年間。《鐵琴銅劍樓藏書目録》著録《杏溪傅氏禹貢集解》二卷，解題曰：「宋刊本。宋傅寅撰。東陽喬行簡序。首列山川總會及九河、三江、九江四圖。序首行題曰『杏溪傅氏禹貢集解』，圖後又題曰『尚書諸家説斷』，次行曰『禹貢第一』。故《永樂大典》本曰『禹貢説斷』，而通志堂經解本曰『禹貢集解』，名遂兩歧也。每半葉十一行，每行經文十八字，引諸家説首行低一格，次行低二格。己説則概低三格。諸家皆曰『某氏』，惟吕成公則稱東萊先生，疑同叔居義烏時學於成公者也。書中『恒』『桓』『慎』字有闕筆，『貞觀』改作『正觀』，『魏徵』改作『魏證』，惟『惇』字不闕，當是孝宗時刻。此本爲王止仲所藏，後歸都玄敬、劉公𢦟，入傳是樓。今所傳經解本，即據之以刻者。……卷中有『王止仲』『玄敬』『劉體仁印』『潁川劉考功藏書記』『乾學』『徐健庵』諸朱記。」

（二）通志堂經解本，二卷，書前有圖。此本正文首行題「杏溪傅氏禹貢集解卷第一」，次行題「禹貢夏書」。書首有康熙十五年丙辰（一六七六）納蘭成德序，次東陽喬行簡序。

（三）文淵閣四庫全書本，四卷，書前無圖。四庫館臣以通志堂經解本爲基礎，以《永樂大典》本校勘增補而成。

（四）墨海金壺本，四卷，書前無圖。刊於嘉慶十三年（一八〇八），海虞人張海鵬依清武英殿聚珍本校刻，刻工精良，校勘亦堪稱精審，爲清代之佳本。

（五）叢書集成初編本，四卷，書前無圖。民國商務印書館據武英殿聚珍本排印。

關於本書書名與卷數，宋刊元修本全書二卷，喬行簡序文之前，書名題作「杏溪傅氏禹貢集解」，卷首又題爲「尚書禹貢説斷」。通志堂經解本亦作兩卷，書名統一爲「杏溪傅氏禹貢集解」。後金華文萃本、金華叢書本皆據通志堂經解本重刊，二卷，書名題作「禹貢集解」。文淵閣四庫全書本因據《永樂大典》輯補闕文，析爲四卷，卷首題「禹貢説斷」。後武英殿聚珍本、墨海金壺本、叢書集成初編本皆作四卷，書名題作「禹貢説斷」。本書原書體例，先録《禹貢》經文，再條列自漢至宋諸家之相關説解，如「孔氏曰」「唐孔氏曰」「班氏曰」等，最後爲傅氏論斷之言。此次整理，大體保留原書體例，《禹貢》經文以黑體字排版，以示醒目，各家説解作另段起排，凡傅氏論斷之文，文前均以「〇」標識，以示區别。

此次整理，以國家圖書館藏宋刊元修本《杏溪傅氏禹貢集解》（《中華再造善本》影印）爲底本（簡稱「底本」），以通志堂經解本（簡稱「經解本」）、文淵閣四庫全書本（簡稱「四庫本」）、墨海金壺本（簡稱「墨海本」）、叢書集成初編本（簡稱「叢書集成本」）爲通校本。此外，傅氏所引漢孔安國、唐孔穎達、漢桑欽、宋林之奇、宋程大昌等諸家學説，同時參校宋魏縣尉宅刻本《附釋文尚書注疏》、宋兩浙東路茶鹽司刻本《尚書正義》、宋刻本《水經注》、宋刻本《禹貢論》及明汲古閣鈔本《尚書全解》等文獻。

因底本年代最早，闕版較多，其闕漏情況主要存於以下四處：卷一「九河既道」至「九江孔殷」條，底本闕失四十餘版，約一萬五千字；卷一「織皮崐崘析支渠搜西戎即叙」條，注文「梁州止言西傾者，以下文該之也」以下至「西傾爲次陰列嶓冢」，闕五百七十餘字；卷二「至于大伾」與「至于大陸」條之間，闕八百四十餘字；卷二「又北播爲九河同爲逆河入于海」條，注文「數百里」以下至「碣石入海」凡六十餘字，底本漫漶不辨。四庫本原注：「案刻本下有闕文，今從《永樂大典》本補正。」合計闕文約一萬六千餘字。以上闕漏文字，今據四庫本補足，並參校墨海本、叢書集成本等。此外，本書之中，因避諱而闕筆之字，直接補正；因避宋諱而改字者，於第一處出校勘記指明，不作回改。

本書在點校工作完成後，得到張涌泉先生的審訂，浙江大學方建新教授、中華書局梁五童先生也提供了寶貴的修改意見，在此一并致謝！

趙曉斌

二〇二〇年三月二十日

於杭州電子科技大學

序

今學之不古，若科舉之習害之也。明經記誦，固不足以言古，然猶近古。文詞之習興，而義疏之學泯矣。利所不在，誰復睥目視之乎？同叔家故貧，亦以教舉子爲業，乃能取古書天官、地志、律歷[一]、權度、井田、兵制、分寸零整、乘除杪忽之説[二]，究觀篤考，窮日夜不愒。無是書，則多方從人借之，月累歲積，而其學成矣。遂取其書，事爲之圖，條列諸説，而斷以己意，名曰《群書百考》。《禹貢説》蓋其一也。夫説《禹貢》者多家，三江莫定其名，黑水不知所入，諸若此

〔一〕「律歷」，同「律曆」，「曆」爲「歷」之後起分化字。

〔二〕「杪忽」，底本原作「抄忽」，墨海本、叢書集成本作「秒忽」，清孫承澤《五經翼》卷五載此序作「杪忽」，今據改。按，「杪忽」，指極小的量度單位。宋歐陽修《憎蒼蠅賦》：「爾欲易盈，杯盂殘瀝，砧几餘腥，所希杪忽，過則難勝。」

類甚衆。余曩得同叔此書，讀之蓋躍如也。然間有疑而未決者，方圖與之講切，會而一之，而同叔亡矣。以同叔之用工如此其至，既勒成一家之言，是固不可使之無傳也。《百考》文多，欲鋟之板未辦，姑摭其《禹貢説》出之，庶幾留意此學、將求證於是者有取焉。同叔姓傅名寅，烏傷人也。蓋晚而徙居，與余爲同里云。

東陽喬行簡壽朋序。

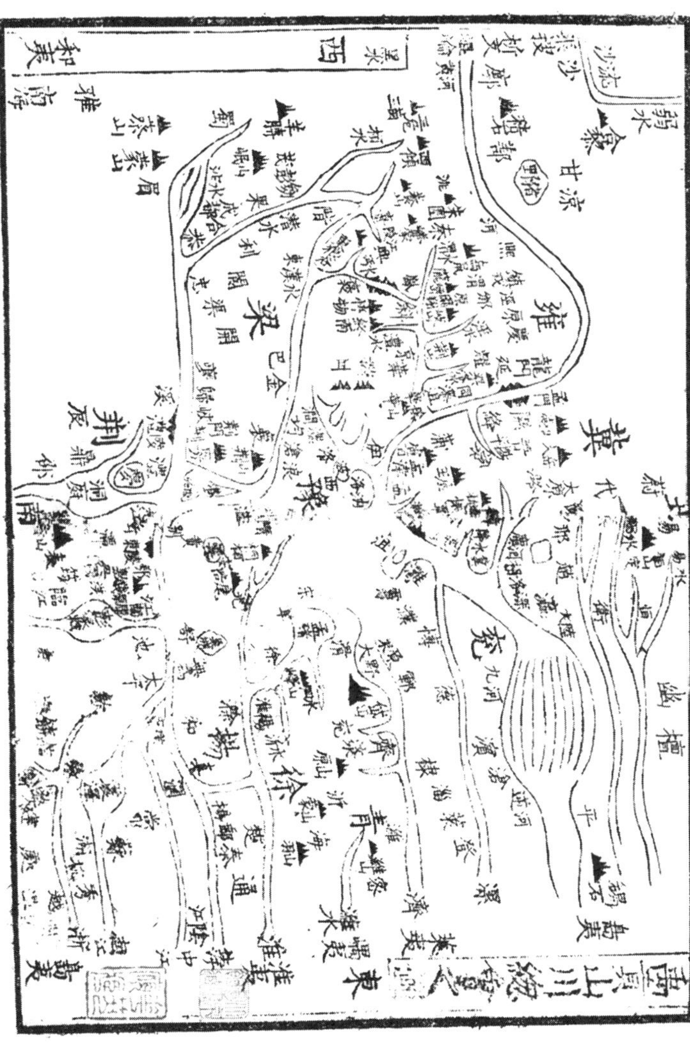

禹貢山川總會之圖

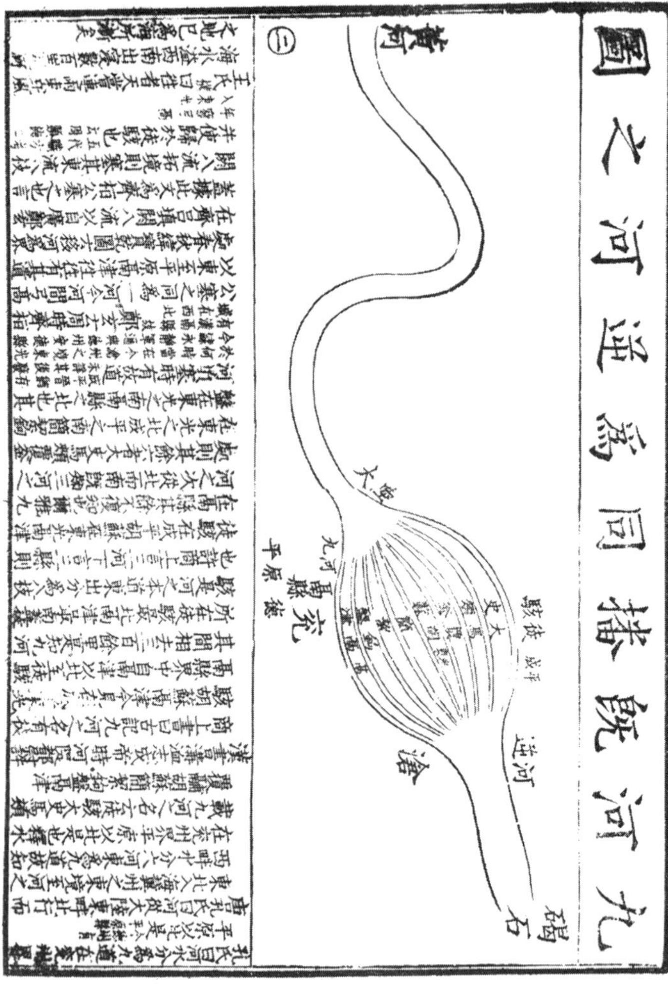

九河既播同爲逆河之圖

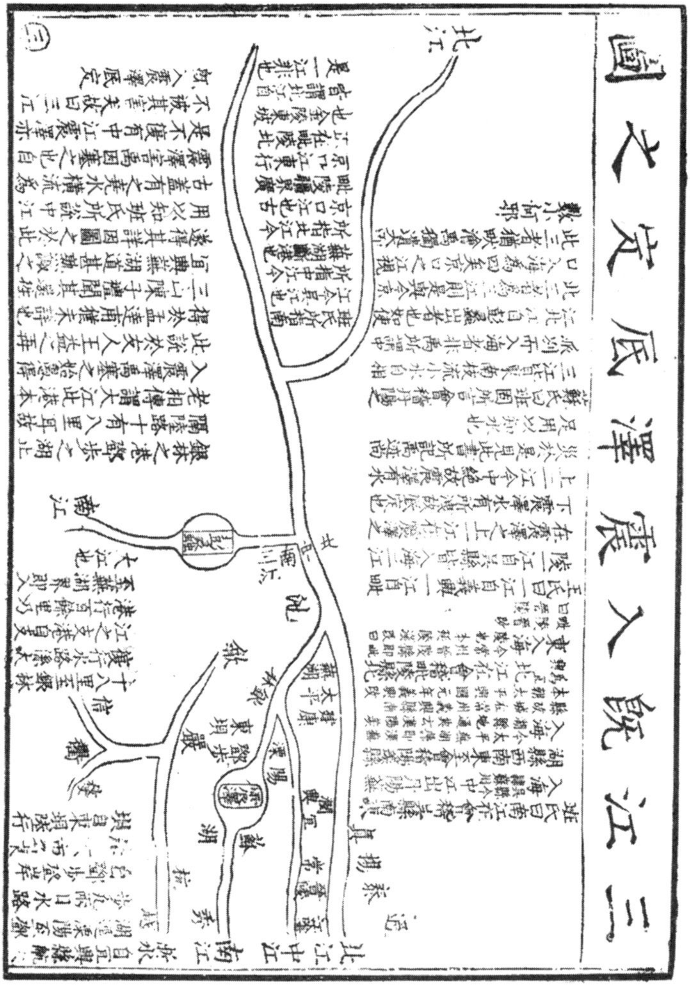

三江既入震澤厎定之圖

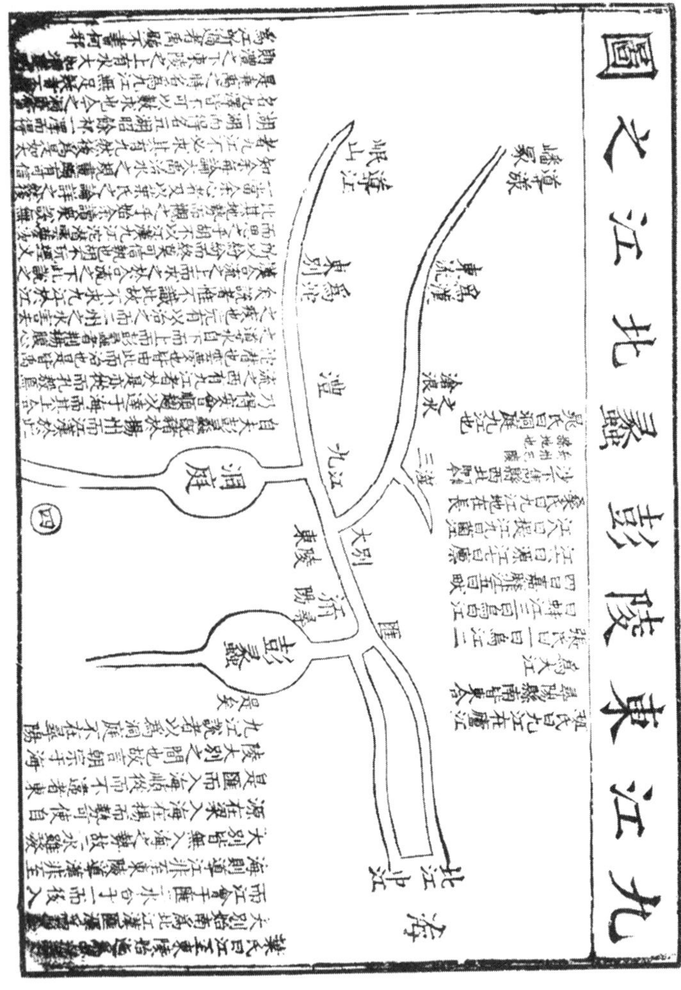

九江東陵彭蠡北江之圖

卷第一

禹貢第一　夏書

孔氏曰：此堯時事，而在《夏書》之首，禹之王以是功。

唐孔氏曰：此篇史述時事，非是應對言語，當是水土既治，史即録此篇。其初必在《虞書》之内，蓋夏史抽入《夏書》，或仲尼始退其第，事不可知也。

林氏曰：邶、鄘、衛之詩，邶地所采者，則謂之「邶國風」；鄘地所采者，則謂之「鄘國風」；衛地所采者，則謂之「衛國風」。其間非有異也，《禹貢》之篇，夏史所録，故不得謂之《虞書》，而謂之《夏書》耳。孔氏乃謂此堯時之事，而在《夏書》之首，禹之王以是功，此過論也。

沈氏曰：《禹貢》之篇，《虞書》也。作於有虞之世，述於有夏之時，故後世係之《夏書》，以明禹之所作也。

張氏曰：此一篇，以謂史官所記耶？而其間治水曲折，固非史官所能知也。竊意「禹敷土，隨山刊木，奠高山大川」，此史辭也。若夫自冀州至「訖于四海」，皆禹具述治水本末，與夫山川之主名、草木之生遂、田賦之高下、土色之黑白、山之首尾、川之分派，其所以弼成五服、聲教訖于四海者，盡載以奏于上，藏之史官，史官略加删潤，叙結成書，取以備一代之制作，謂之《夏書》。然其間「祗台德先，不距朕行」，此豈史辭哉？此禹之自言也。

○《堯典》，堯之書也，而爲《虞書》之首；《禹貢》，舜之時所作也，而爲《夏書》之首。孔子之定《書》如此，何也？舜之有天下，蓋傳於堯；而禹有地平天成之功，是其所以受舜之禪，宜也。至於湯革夏，則其書首《湯誓》；武王翦商，則其書首《泰誓》。聖人之意，蓋可知矣。孔氏之言曰：「此堯時事，而在《夏書》之首，禹之王以是功。」此正殆於有見，而林氏執邶、鄘、衛之説以非之，未可爲通論。

禹别九州，隨山濬川，任土作貢。

孔氏曰：分其圻界，刊其木，深其流，任其土地所有，定其貢賦之差。

唐孔氏曰：禹别九州之界，隨其所至之山，刊除其木。又曰：計九州之境，當應舊定，而云「禹别」者，以堯遭洪水，萬事改新，此爲作貢生文，故言「禹别」耳。又曰：賦者，自上税下之名，謂治田出穀，故經定其差等，謂之厥賦；貢者，自下獻上之稱，謂以所出之穀，市其土地所生異物，獻其所有，謂之厥貢。雖以所賦之物爲貢用，賦物不盡有也。亦有全不用賦物，直隨地所有，採取以爲貢者。此之所貢，即與《周禮·太宰》「九貢」不殊，但《周禮》分之爲九耳。其賦與《周禮》「九賦」全異[一]，彼賦謂口率出錢。不言「作賦」而云「作貢」者，取下供上之義也。諸序皆言作某篇，此序不言「作禹貢」者，以發首言「禹」，句末言「貢」，篇名足以顯矣。百篇之序，此類有三：「微子作誥父師、少師」，不言「作微子」；「仲虺

[一]「周禮」，底本「禮」字原脱，據四庫本及宋魏縣尉宅刻本《附釋文尚書注疏》（台北「故宫博物院」一九八九年影印本，下文所引此書皆爲此版，不再一一標注）、宋兩浙東路茶鹽司刻本《尚書正義》（《古逸叢書》三編影印本，下文所引此書皆爲此版，不再一一標注）孔穎達正義補。

作誥」，不言「作仲虺之誥」，與此篇皆爲理足而略之也。

班氏曰：昔在黄帝，作舟車以濟不通，旁行天下，方制萬里，畫壄分州。

陸氏曰：《周公職録》云：「黄帝受命，風后受圖，割地布九州。」[一]《鄒子》云：「中國爲赤縣，赤縣之内有九州。」《春秋説題辭》云：「州之言殊也。」

林氏曰：顓頊置九州，堯時洪水斷絶，使禹理水，還爲九州。

王氏曰：《王制》云：「廣谷大川異制，民生其間者異俗。」故禹别九州，皆奠高山大川，以正封域。

蘇氏曰：不貢所無及所難得。

葉氏曰：《記》云：「共工氏之霸九州也，其子曰后土，能平九州，故祀以爲社。」則九州之名舊矣。洪水之害，山川、土壤、封域、經界、貢賦之制，蕩析湮

〔一〕按，王應麟《困學紀聞》卷二曰：「《禹貢釋文》：《周公職録》云：『黄帝受命，風后受圖，割地布九州。』隋、唐《志》無此書。《太平御覽》引《太一式占》《周公城名録》有此三句。夾漈《通志·藝文略》：『《周公城名録》一卷。』城、職字相似，恐傳寫之誤。《世説》注云：『推《周公城録》，冶城宜是金陵本里。』《抱朴子·内篇·登涉》引《周公城名録》。」（中華書局，二〇一六年版）

墊，皆失其正，至禹而復辨，故言「別」。水行地上，四方不通，必隨山刋木以爲道，然後能度其形勢，觀其源委，而川可濬。川濬，而九土見矣。辨其名物，以制地征，作民職，而貢法出焉。貢、賦雖異，而以奉上爲主，故謂之貢。《祭法》注云：「共工氏，在太昊、炎帝之間。」

張氏曰：洪水滔天，九州莫辨，禹欲治水，先定九州之界，然後隨九州之山，濬九州之川，使水復歸故道而入于海。

陳氏曰：九州之爲州久矣，然「州」之義，學者不論也。在堯之時，洪水之害浩浩蕩蕩，封疆之界不可得而別也。禹從其巨鎮之在水中者而別之曰：此冀也，此兖也，此青、徐也，此荆、揚也，此豫、梁、雍也。是巨鎮者，宛然出於水之中，故曰「九州」也。「州」與「洲」同。「隨山濬川」者，隨水源之所自出者，濬之以爲川，不汩其潤下之性故也。

○堯水之害[一]，如此其久，使彌年亘月，無有止息，則民生無噍類矣。以理推

[一]「堯水」，經解本、四庫本、墨海本作「洪水」。

之，當亦每歲之中泛濫有時，如今之春夏暴長而特爲尤甚焉耳。禹之治之也，當其懷山襄陵之際，亦無所措其力，憂民之切，雖曰由己溺之，亦必俟其勢之既殺，方嚮有可辨，而土工有所施。於是乎寖寖規畫，以豫爲後來之防而已。若其别九州，如陳氏謂從其巨鎮之在水中者别之，余恐無是理也。學不通世務，腐儒耳，故余不得不爲之辨。

林氏曰：賦者，九州之田賦是也。貢者，兖州而下，「厥貢篚」之類是也。别而言之，雖有貢有賦，有上下之差；合而言之，則貢者乃賦税之總稱，不必漆、絲、鹽、絺之類，然後謂之貢。蓋併與田賦之所出、包篚之所入，皆在其中矣。此貢之一字，與商之助、周之徹皆是其一代之制，取民之總名也[一]。

○古人之命名，不苟也，三代取民之制，必以「貢」「助」「徹」爲名，其用心之仁可知矣。是故史官之名此書、孔子之作此序，皆於「貢」之一字深致其意。幼學能於此乎察，壯行猶於此乎背，況未嘗知此者乎？

〔一〕「取民」，底本原作「取名」，據經解本、四庫本及毛氏汲古閣鈔本林氏《尚書全解》（山東友誼書社一九九二年版，下文所引此書皆爲此版，不再一一標注）改。

呂氏曰：「隨山」有兩意：一謂隨山開道，以觀水勢；一謂隨山之脉絡，相視其水勢，濬其川。

程氏曰：禹之自言曰「予決九川，距四海，濬畎澮」，距川者，因也。孔子叙其書曰「隨山濬川，任土作貢」者，亦因也。孟子曰「禹之行水也，行其所無事」，亦因也。因者，本其所自然，而無所增損云耳。功以因而成，則《書》載其功，亦豈外於因哉？

○九州之分尚矣，顧其間高山大川，託以爲疆界所視者，不容無所記載。禹爲司空，習此亦素。而特其洪水爲害，封域淪壞，川流故瀆亦決徙不明，故禹先定其高山大川之方嚮，以别九州之分限，則凡地之遠近高下、水之源委曲折，皆可得而審矣。「隨山濬川，任土作貢」，於是次第施之，何往而不如其意乎？「任土作貢」，夫人能言之，而「隨山濬川」，説者罕見其的，余請詳辯之。禹之自言曰「予乘四載，隨山刊木」，史之辭亦曰「禹敷土，隨山刊木」，説者意孔子序文，當不與之異，故多以刊木通道爲解，殊不知孔子之文，「隨山濬川」與「任土作貢」對立，隨山而濬川，任土而作貢，程氏所謂「因其所自然」之謂也。且四瀆之水，皆東行以入海，而弱水則西、黑水則南者，其所出所逕之山勢則然也。山之勢所向背，水因而趨避之者也。禹不能逆山以行水，亦猶不能强其所無以作貢，應變施設，雖曰多端，而經畫妙用，同乎順理。孔子序書凡三句十二字，而深於經意者知其該貫首末，無復餘藴，此豈泥於文辭之間者所能窺哉？

禹貢。禹敷土，隨山刊木，奠高山大川。

孔氏曰：洪水泛溢，禹分布治九州之土，隨行山林，斬木通道。奠，定也。高山，五嶽。大川，四瀆。定其差秩，祀禮所視。

唐孔氏曰：禹身行九州，規謀設法，乃使佐己之人分布治之。於是平地盡爲流潦〔一〕，鮮有陸行之路，故將欲治水，隨行山林，斬木通道。往者山爲水所包，川皆泛濫，祭祀禮廢，今始定之，以見水土平，復舊制也。

〔一〕「流潦」，底本、經解本、四庫本原作「流源」，據宋魏縣尉宅刻本《附釋文尚書注疏》、宋兩浙東路茶鹽司刻本《尚書正義》孔穎達正義改。按，流潦，指雨後流動的積水。

司馬氏曰：禹與益、后稷奉帝命，命諸侯、百姓興人徒以傅土。

唐司馬氏曰：《尚書》作「敷土」，今按，《大戴禮》作「傅土」，故《夏本紀》依之。傅即付也，謂付功屬役之事。

顔氏曰：敷，分也，謂分别治之。奠，定也。言禹隨行山之形狀，而刊斫其木，以爲表記。決水通道，故高山大川各得安定也。

蘇氏曰：敷、道、修、載、叙，義皆治也。山行多迷，刊木以表之，且以通道。《史記》云：「行山表木。」

葉氏曰：辨九州之封域而分布之，使官各有守以任其事，民各有宅以任其力，而後隨山刊木之功可施。隨山刊木，以通道於四方，而後高山大谷之名可正。山川有主名，而後或自山導，或自川導，而水可得治矣。高山大川，如荆、岐、江、漢是也。治水者不逆其性，而行其所無事，則惟形勢之順而已。形勢以山川爲主，山川以其高且大者爲主。高山大川，各定其所而名正，則其餘可以類求。奠，定也。猶《周官》言「奠地守」也。

張氏曰：敷，分也。敷土，即别九州之義。以謂分辨九州之地，然後隨山之形勢，以導水之歸路。且又刋木之蔽障，以表山路之遠近，則又定高山如五岳者、大川如四瀆者。東西既辨，南北已明，然後導山導川，可得而施功也。此蓋禹初措手治水之規模也。

林氏曰：鯀湮洪水，以與水争勢於隄防之間，適以激其怒耳。故禹惟務敷土而散之，不與水争勢，而水得其性矣。此所以有成功也。隨山刋木者，除障蔽而驅禽獸，使避水者各安其居也。奠高山大川者，本其風俗之異，以爲九州經界之準也。

程氏曰：禹之經畫，必以奠高山大川爲始。蓋高山既奠，則避礙有方；大川不迷，則濬距有向。

吕氏曰：史官作《禹貢》，先言「禹敷土」三字，見禹有一定之規摹在胸中，分布九州之土，甚處用此治，甚處用彼治，工役計用多少，然後用工，所以終能成功。定高山有箇標準，次便看得箇大川所歸，喻如築城，若尋常築動，是數年不能得成。至李光弼築萬里城，不過數月之功，蓋先擺布定，甚處成隊，聲勢相接，故能速成。禹之治水，其規模在此而已。刋木以通道，定高山大川以爲高表，凡一州之内，必有高山大川，先定其所知以爲表，則其他皆可知。○治水，非土木爲用不可也。土則隨處以分布，木則隨山以刋伐。見禹之規摹簡易，無生事擾民之患也。如治華陰之河，則先於華陰左右，分布可取之土；於華陰之山，刋用便近之木，此敷土隨山之義。若夫奠高山大川，則是定其方嚮源委，以辨地域，以知遠近，以察衆流之所趨會，而駠以加功故也。此與孔子所謂「别九州」同。

冀州。

《釋地》曰：「兩河間曰冀州。」郭氏註曰：「自東河至西河。」李氏曰：「兩河間，其氣情性相近[一]，故曰冀。冀，近也。」

林氏曰：其地險易，帝王所都，亂則冀安，弱則冀强，荒則冀豐，故曰冀州。

〔一〕「其氣情性相近」，四庫本及宋刻遞修本《爾雅疏》（《四部叢刊續編》影印本）作「其氣清厥性相近」。宋魏縣尉宅刻本《附釋文尚書注疏》「濟河惟兖州」經文下，孔穎達正義引李巡注《爾雅》正作「其氣情性相近」。

唐孔氏曰：九州之次，以治爲先後，以水性下流，當從下而泄，故治水皆從下爲始。冀州帝都，於九州近北，故首從冀起，而東南次兖，而東南次青，而南次徐，而南次揚，從揚而西次荆，從荆而北次豫，從豫而西次梁，從梁而北次雍，雍地最高，故在後也。自兖以下，皆準地之形勢。從下向高，從東向西，青、徐、揚三州，並爲東偏。雍州高於豫州，豫州高於青、徐。雍、豫之水，從青、徐而入海也。梁高於荆，荆高於揚，梁、荆之水，從揚而入海也。兖州在冀州東南，冀、兖之水，各自東北入海也。冀州之水，不經兖州，以冀是帝都，河爲大患，故先從冀起而次治兖。若使冀州之水東入兖州，水無去處，治之無益，雖是帝都，不得先也。

蘇氏曰：堯水，河爲患最甚，江次之，淮次之。河行冀、兖爲多，而青、徐其下流，被害尤甚。堯都於冀，故禹行自冀始，次于兖，次于青，次于徐，四州治而河患衰矣。雍、豫雖近河，以下流既治，可以少緩也，故次于揚，次于荆，以治江、淮。江、淮治而水患平，故次于豫，次于梁，次于雍，以治江、河上流之餘患，而雍最高，故終焉。八州皆言「自某及某爲某州」，而冀獨否，蓋以餘州所至知之。先賦後田，不言貢篚，皆與餘州異。

林氏曰：禹之治水，其始也，必決其懷襄之水，然後及導其川澤之流。而其所爲先後之序，具載於九州之後，「導岍及岐」以下是也。此之所載，但記夫九州之經界，與其田賦貢篚之詳。若夫治水之先後，不在於此也。夫洪水之爲害，泛濫於天下，其治之也，必相視其水之大勢，順其地之高下，漸而導之，不可拘於經界之限也，故自「導岍及岐」，以至于「又東北入于河」，其首尾本末，各有條理。蓋治水之勢，未嘗不自上而導下，自下而決之於海也。史官條列，備言於經界之後論九州者，但當觀其分疆定界，與夫制田賦之多寡，不必論其先後之序。《王制》曰：「自東河至于西河，千里而近，自常山至于南河〔一〕，千里而近。」此則冀州之境界也。

張氏曰：冀州不言山川所界，如「濟、河惟兖」，「淮、海惟揚」者，蓋王者以天下爲家，京師爲室，其山川則當以天下爲界，安可如餘州之局以山川哉？此又禹之微意也。

〔一〕「常山」，《禮記·王制》原文作「恒山」，當爲避宋真宗趙恒諱改。

〇孔、蘇二家，執九州之次，以爲禹之治水自下而上。林氏執「導岍」以下之文，則以爲自上而下。二者將孰從而折衷之？孟子曰：「禹疏九河，瀹濟、漯而注諸海，決汝、漢，排淮、泗而注之江，然後中國可得而食也。」孟子之言，自北而南，自下而上，且不及雍、梁，而遽言中國可得而食，則禹之規摹亦可見矣。若夫導岍至敷淺原，此乃記濬畎澮距川之方嚮；導黑水至東北入于河，此乃記九川之首尾。林氏未明經意，遽執此文，謂治水必自上而下，其於世務不通甚矣。且使禹之行河，必欲積石之功既畢，然後鑿龍門以治華陰、孟津諸處，則於三數月之間，其或雨潦驟集，冀、豫、兖、青之民，又何所賴於禹乎？故夫治水者，必使其下能容而有餘，易泄而無礙，然後可以安受上流，而不至於衝激以生怒。禹之經畫所以首冀、兖而後雍、梁者，此也。苟能明此，則非惟達《禹貢》九州之次，且於孟子之談禹，知其有自來矣。孔、蘇之論，又安可忽？或曰：禹疏九河而後瀹濟、漯，信孟氏之言有倫也，決汝、漢而後排淮、泗，亦豈必自下而上乎？曰：此其文爲注江而設也，其實禹之治水，瀹濟、漯之後，遂治淮、泗以及於江；江治矣，然後治漢治汝，如《禹貢》所載九州之次也。或又曰：四水惟漢入江耳，汝、泗入淮，淮徑入海，安得俱言注之江乎？曰：古溝洫法，南北東西，互相通灌，如揚之邗溝，雖吴王所開廣，然古必有迹道，可以泄淮水而注之南矣。不然，則孟軻氏豈容無稽據而肆爲之説乎？

既載壺口，在今隰州吉鄉。**治梁**在今同州韓城。**及岐。**在今鳳翔府岐山。

孔氏曰：壺口在冀州，梁、岐在雍州，從東循山治水而西。

唐孔氏曰：《史記》稱高祖入咸陽，蕭何先收圖籍，則秦焚詩書，圖籍皆在。孔君去漢初七八十年耳，身爲武帝博士，必當具見圖籍，其山川所在，必是驗實而知壺口在冀州，梁、岐在雍州，當時疆界爲然也。

班氏曰：壺口山，在河東北屈縣東南。按，慈州吉昌縣，漢北屈也，有壺口山。北屈歷晉無改，至後魏始更置定陽。隋開皇十八年，又改名吉昌。唐仍舊。本朝熙寧五年，慈州廢，以吉昌隸隰州，更名吉鄉。**梁山在馮翊夏陽縣西北，**按，同州韓城縣，漢爲夏陽，有梁山，隋開皇十八年置韓城。**岐山在扶風美陽縣西北。**按，岐州岐山縣，有岐山，周大王徙於岐，即此岐山。本後周三龍，隋開皇十六年改名岐山，以有岐山故也。

鄭氏曰：於此言治梁及岐者，蓋治水從下起，以襄水害易也。

王氏曰：載，事也。既事壺口，然後治梁及岐也。水逆行，泛濫而亂，故治之也。

蘇氏曰：梁、岐二山在雍州，今於冀州言之者，豈當時河患上及梁、岐乎？禹通厎柱，則壺口平而梁、岐自治，因河而言，非以二山爲冀州之地也。

葉氏曰：《詩》言：「奕奕梁山，惟禹甸之。」則梁之施功爲多，而岐則因梁以及之者也。

林氏曰：言冀州之水而及於雍之梁、岐者。曾氏曰：「呂不韋云：『龍門未闢，呂梁未鑿，徐州彭城縣呂梁山也，有呂梁鎮。河出孟門之上，孟門山與龍門山相對，在今隰州吉鄉縣。大溢逆流，無有丘陵，高阜滅之，名曰洪水。大禹疏通，謂之孟門。』按，《地理志》謂，壺口在北屈之東南。而酈道元謂，孟門在北屈之西南，則壺口，孟門之東山也。龍門在梁山北，則梁山，龍門之南山也。」以是言之，其先河出孟門之上，横流而出，則知其東之壺口、其南之梁山、其西之岐山皆墊於水矣。禹於壺口之西闢孟門，而始事於壺口；於梁山之北闢龍門，而終事於梁山，而其餘功又及岐山焉。蓋壺口、梁、岐一役也，其施功皆同時，不可分言於二州，故併言於冀也。

東萊先生曰：岐、梁皆是龍門左右之地也。水之所以爲患，正緣龍門狹隘，壅塞其水，故禹治之，鑿龍門使水勢通行。以此觀孟子謂「禹之治水，行其所無事」，此豈得爲無事？蓋鑿其所當鑿，治其所當治，所以爲無事也。

○二州山川，有利害相關而同一時之役者，非特此也。示例於此，而他不言可知矣。熙寧十年秋，七月乙丑，河決於澶淵，東流入距野〔一〕，北溢于濟，南溢于泗，而彭城最受其害。水之環城至高二丈八尺，是時蘇東坡方守彭城，恐其民驚潰，乃登城以鎮之曰：「當與城俱存亡。」及水退，東坡相視子城之東門，正當水之衝，府庫在焉，而地狹不可以爲甕城，乃大築其門，護以磚石，建黃樓於其上。繼而潁濱將之宋，過而登之，乃爲之賦曰：「嗟維此邦，俯仰千載。河東傾而南洩，蹈漢世之遺害，漢元光，河決瓠子。包原隰而爲一，窺吾墉之摧敗。呂梁齟齬，橫絕乎其前；四山連屬，合圍乎其外。水洄洑而不進，環孤城而爲海。」觀此賦，則知呂

〔一〕「距野」，四庫本、墨海本作「鉅野」。

梁與河患相表裏也。吕不韋之説、潁濱之賦，學者不可不知。

既修太原，在今太原府榆次縣。**至于岳陽。**即今晉州霍邑縣霍山。

孔氏曰：高平曰太原，今以爲郡名。岳，太岳，在太原西南。山南曰陽。

唐孔氏曰：太原，原之大者，《漢書》以爲郡名，即晉陽縣是也。按，隋文帝改漢晉陽爲太原縣。本朝太平興國四年，省太原入榆次。榆次在府東南七十里。

班氏曰：河東彘縣有霍太山，在東。

林氏曰：晉州霍邑縣有霍山，一名太岳山，《禹貢》所謂岳陽。按，後漢順帝陽嘉二年，彘更名永安。隋開皇十八年，永安更名霍邑。

王氏曰：地爲水所攻蕩，隳圮而壞，故修之也。

葉氏曰：載，始事也。傳言禹能修鯀之功，則鯀之功不皆廢也，蓋有因而修之者焉。鯀惟知治太原至岳陽，而不知道壺口推而上之，以及梁、岐，而與岳陽會，此功所以不成。故禹始事壺口，治梁及岐，壺口、梁、岐治，因修鯀之舊迹，以至于太原、岳陽。

張氏曰：此言既治太原之水，沿流而至于太岳之南也。太岳在太原西南，上流既治，則下流通利，而入于南河矣。

林氏曰：曾氏云：太原，汾水之所出；岳陽，汾水之所經。既修太原，至于岳陽，道汾水故也。按，《水經》：汾水出太原汾陽縣北管涔山，南過永安縣西，西至汾陰縣北，西注于河。今憲州静樂縣即漢汾陽地也，管涔山在其界。河中寳鼎縣，即漢汾陰也。本朝祥符四年改爲榮河。

覃懷厎績，即今懷州之地。**至于衡漳。**清漳出今潞州涉縣，濁漳出長子縣。

孔氏曰：覃懷，近河地名。漳水横流入河，從覃懷致功至横漳。

唐孔氏曰：《地里志》河内有懷縣，在河之北。蓋覃懷二字共爲一地。衡即古横字，横漳在懷北五百餘里，從覃懷致功而北至横漳也。

杜氏曰：懷州，《禹貢》覃懷之地。按，唐正觀元年[一]，省懷縣入武陟，而杜氏云武陟

［一］「正觀」，當作「貞觀」，爲避宋仁宗趙禎諱改。

漢懷縣地，故城在今縣西。是正觀所省懷縣即漢之舊，而武陟亦其地也。後世變更名號不一，難以盡詳。《唐志》云，河内縣有懷水。往往覃懷之地也。今懷之河内、武陟皆有之，武陟在河内東八十五里。

班氏曰：清漳水出上黨沾縣大黽谷，東北至渤海阜城縣入河。濁漳水出長子縣鹿谷山，東至鄴入清漳。阜城，今隸永静軍。鄴，今爲相州臨漳縣之鎮。蓋熙寧六年，省洺州、肥鄉、深州、鹿城、冀州、衡水、恩州、漳南，皆漳水所逕。唐天寶十五年，更鹿城名束鹿。本朝至和元年，省漳南爲鎮，入歷亭。

林氏曰：曾氏云：「河自大伾折而北流，漳水東流而注之。地之形，南北爲從，東西爲横。河北流而漳東流，則河從而漳横矣。禹自覃懷致功，遂踰太行而北，既得漳流而導之入河。漳水合河，下流如不以道，則亦害於河流故也。」曾氏論《禹貢》山川地理，援引書傳，考究源流，其説皆有依據，比諸儒之説爲最詳。

〇堯都冀之平陽，今晉州所治臨汾縣也。禹之治水，莫先於帝都，而冀州三方距河，深患所在，其疏導莫先於河矣。然行河當自下流始，而冀州所紀，惟急於帝都之傍近，而下流未嘗及焉。何也？今以地理詳之：壺口、梁、岐皆帝都之西也，太岳在霍邑，霍邑北臨汾百有餘里，則太原、岳陽，帝都之北也；覃懷，帝都之南也；衡漳，帝都之東也。於帝都四面，固無水不達於河，而吾第憂河之下流不決，而上之水皆奔赴之速，則豫、兖、青、徐之民將何所逃其害乎？禹之用心，固愛君之至，而其於救斯民之溺，特可緩乎？竊嘗思之，而得其説於孟子之談禹，而又熟復《禹貢》之書，然後其疑始釋，而於神禹治水之規畫，始井井乎知其序矣。孟子之言曰：「禹疏九河，瀹濟、漯。」是其爲談禹之要旨，無大於此者。夫九河者，河之最下，而濟、漯者，其傍流也。治其最下而速其行，通其傍流而使其中無停積之患，則河之大體無足憂矣。禹既規畫成此，然後疏帝都四傍之水，舉達于河，而冀州之患平矣。冀州之患既平，則凡兖、青、徐、揚之所當治，或四載躬臨，或贊佐分命，又從而次第舉矣。苟或不然，則雖奇計百出、隄防萬端，以殫終身之勞，而水胡可得而治邪？今觀《禹貢》而冀州不言疏九河，以九河爲兖州之地而首言於兖州故也；不言瀹濟、漯，以漯流兖州，濟歷豫、兖而不可總之於冀故也。且又導九州之首尾，各已條列於後。儻於每州一一言之，則經文不幾於重複之甚乎？又況禹之治水，苟其利害相因，則雖曰異州，亦必有同一時之役者。如其必待某州之功畢，然後治某州，則禹之聖，豈無權而幾於執一者乎？或曰：壺口、梁、岐之役，曾氏以爲鑿龍門，而冀州所記不及龍門，何也？曰：導河積石，至于龍門，已列之於後，故於此但言壺口、梁山，所以互見其事也，亦猶言「導岍及岐，至于荆山，逾于河」，而捨梁山不言者，與此治梁互見之也。壺口、雷首至于太岳，則上捨太原而不言，下舉雷首，以見治龍門梁山之下。而厎柱、析城、王屋、太行之治，則覃懷厎績之由也。《禹貢》一書，吾姑舉其一州言之，其互見之法精密如此，學者可得而易言乎哉？或又曰：載，始事也，禹經始冀州，莫先龍門，而雷首、厎柱、析城、王屋、太行皆居其後乎？曰：瀹濟之時，固嘗有利害相因而導之者矣，然龍門汾水未治於上，則雷首而東，欲厎績不能也。故論天下之大勢，禹之經畫，雖無先於疏九河、瀹濟漯，而就冀一州言之，則龍門者咽吭之害也，汾水抑又次焉。史書之曰「冀州。既載壺口，治梁及岐。既修太原，至于岳陽」，然後「覃懷厎績，以至于衡漳」，先後之序，曉然如此。然學者不識形勢而觀此書，譬之青天白日，瞽者欲知其清明，其可得乎？

厥土惟白壤，厥賦惟上上，錯，厥田惟中中。

孔氏曰：無塊曰壤，水去土復其性，色白而壤。賦謂土地所生以供天子。上上，第一。錯，雜，雜出第二之賦。田之高下肥瘠，九州之中爲第五。

顔氏曰：柔土曰壤。

唐孔氏曰：《九章算術》：「穿地四，爲壤五。壤爲息土。」則壤是土和緩之名，故云無塊曰壤。孟子稱税十一爲正，輕之於堯舜爲大貊、小貊，重之於堯舜爲大桀、小桀。則此時亦什一税，俱十一而得爲九等差者。人功有强弱，收穫有多少，傳以荆州田第八，賦第三，爲人功修也。雍州田第一，賦第六，爲人功少也。是據人工多少，總計以定差。此州以上上爲正，而雜爲次等，言出上上時多，而上中時少也。多者爲正，少者爲雜，此計大率所得，非上科定也。但治水據田，責其什一，隨土豐瘠，是上之任土，而下所獻自有差降，即以差等爲上之定賦也。然一升一降，不可常同，冀州自出第二，與豫州同時，則無第一之賦。豫州與冀州第一同時，則無第二之賦，或容如此，事不可常。

鄭氏曰：此州入穀不貢。

王氏曰：物其土田以知所宜，奠其賦以知所出也。冀州之土，非盡曰壤，而曰白壤者，其大致然也。餘州蓋皆如此。

蘇氏曰：賦，田所出穀米兵車之類，《禹貢》田賦皆九等，此爲第一，雜出第二之賦。冀州，畿内也，田中中而賦上上，理不應耳，必當時事有相補除者，豈以不貢而多賦邪？然不可以臆説也。

葉氏曰：此《周官》所謂「以土均之法辨五物九等」，以制地征者也。五物，五地之所宜物也。以五物制地征，故賦有出於土者，此庶土交正而爲之者也。以九等制地征，故賦有出於田者，此咸則三壤而爲之者也。惟賦不皆出於田，故有田上而賦寡，如徐、青、梁之類，而甚若雍之田，上上而賦乃中下者；有田下而賦多，如豫、冀、揚之類，而甚若荆之田下中而賦乃上上者。田下而賦多，則土賦兼其間也；田上而賦寡，則又溝畎灌溉之於水旱，畜泄有利否，而人力衆寡勤惰之不齊，不可概以田爲率也。賦以出於田爲正，故餘州皆以賦次田，而冀州獨以賦次土者，蓋冀州之田第五，而土白壤，賦出於土宜多於田。

林氏曰：《周官·大司徒》之辨十有二壤之物，而知其種，以教稼穡樹藝；終以土均之法，辨五物九等，制天下之地征，以作民職，以令地貢，以斂財賦，以均齊天下之政。蓋將欲教民樹藝，與夫令地貢斂財賦，必辨九州土壤之所宜。土性不同，則所宜之穀亦不同，如《周官·職方氏》荆、揚州宜稻，冀、雍州則宜黍稷之類。因其土地所宜，而教之播種，則其所收者必多也，故禹於洪水既平之後，將欲教民粒食，因而致田賦之差，必先辨九州土壤所宜，以利民也。九州之賦，校數歲之中以爲常，則是九州之賦，自有常數，而九等之差，亦不可易也。而又有錯出於他等之時者，蓋歲有豐凶水旱之不同，不可取必於每歲之常賦，必時有所蠲放以利民。是以其所入之總數，自有增損多寡之不同。孟子曰：「治地莫善於助，莫不善於貢。貢者，校數歲之中以爲常，樂歲，粒米狼戾，多取之而不爲虐，則寡取之。凶歲，糞其田而不足，則必取盈焉。爲民父母，使民盻盻然，將終歲勤動，不得以養其父母，又稱貸而益之，使老稚轉乎溝壑，惡在其爲民父母也？」孟子此言，謂其有激而云，將以救戰國之虐政則可，若謂《禹貢》之法爲不善，則不可。蓋九州之賦，既有每歲之常數，而又有雜出於他等之時，則是其於凶年無取盈之理。觀《禹貢》一篇，然後知禹之貢法，未嘗有不善也。禹之貢法固善矣，意者後世之子孫不善用之，惟取必於每歲之常賦，又無雜出於他等之時，此夏法之所以爲弊也。田之高下，既分九等，則其田賦亦當稱是，而乃有異同者，蓋田有高下，逐畝所收之多寡而比較之。然九州之間地有廣狹，民有多寡，則其賦税所入之總數自有不同，不可以田之高下而凖之也。荆州之田下中，而賦則上下，田賦相較，所差者亦五等。田賦所以如是之遼絶者，蓋洪水既平之後，民之蕩析離居，未復其業，必有偏聚之地。闢地有先後，人功有修否，不可得而均也，是以賦之所入，與田之等級，有如此之懸絶也。貢篚之制，自兖州而下皆有之，而冀州獨不言者，蓋畿内之地、天子之封内，無所事於貢也。

張氏曰：冀州之水既治，而土賦與田皆可辨其名色，定其高下也。蓋天下至大，先王所以坐運於一堂，其風俗所尚、土地所宜無不周知其曲折，則以有圖書爲可按見也。聖賢巧思，於此可知。在五帝則有《九丘》之書，在唐虞則有《禹貢》之篇，在周則有《職方》之志，在漢則有《輿地》之圖，皆所以囊括四海、斡運天下也，其可忽哉！土惟白壤，賦惟第一，田惟中中，大數已定，不可改易。使其當理，則有萬世之安；使其不當，則有萬世無窮之禍。是故非禹之賢聖，其物土田、定賦貢，安知其不爲害也？唐明皇失德，自宇文融爲括田使，始以客户爲主户，以見賦爲羨賦。自此明皇侈心愈開，而王鉷、楊謹矜〔一〕、楊國忠輩皆祖述其意，名色百出，遂至於亂。盧杞又祖述其意，以奉德宗，亦有奉天之亂。以是知物土色、定田賦，豈可忽哉！

吕氏曰：賦上上，田中中，差四等。冀，堯之都，事事皆出於此，所以特重於他州，然别有所利，亦與他州一般。

〇此州紀賦於土田之間，見土田皆有賦也。然賦出於田者多，故餘州惟以賦次田。

冀田第五，錯第二。賦第一。兖田第六，錯無。賦第九。青田第三，錯無。賦第四。徐田第二，錯無。賦第五。揚田第九，錯第六。賦第七。荆田第八，錯無。賦第三。豫田第四，錯第一。賦第二。梁田第七，錯第九。賦第八第七第九。雍田第一，錯無。賦第六。

〇林氏之説曰：「九等之差不可易，而又有錯出於他等之時者，蓋歲有凶豐

〔一〕「楊謹矜」，當作「楊慎矜」，爲避宋孝宗趙昚諱改。

之不同，不可取必於每歲之常，而時有所蠲放以利民。故所入之總數，自有增損多寡之不同。」此其爲説甚善，而愚竊有甚疑者二，不可以不論也。九州惟冀、揚、豫、梁有錯，而餘所無者五州。豈水旱之災惟冀、揚、豫、梁爲有而餘則無之乎？不然，何厚於彼而薄於此也？冀之賦第一，而錯降之爲二；梁之賦第八，而錯降之爲九，是優恤之例然也。至於揚則自七而升六；豫則自二而升一；梁則又有自八而升七、九之時。凡水旱宜優恤，而顧反增益，何邪？如其謂樂歲粒米狼戾，多取之不爲虐，則禹亦豈於定制之外，横有所取於民者乎？夫孟子之議貢，蓋其叔世之弊政，而禹之定制，雖校數歲之中以爲常，其於凶荒之歲則必有爲之輕恤者矣。其於上熟之歲，則必能藏富於民矣。如其不然，則豈有禹聖人而於政在養民之説？能言而不能行邪？竊嘗屏去諸家訓傳，獨取經文，端坐熟復，意其錯之爲言，非雜也，差也。九州之賦，有一州之内而可均齊者，則無差等之例。如其不可均齊，則大概幾何，而或升或降，亦任土隨宜可也。故冀州大概則上上，而差等之例，則有降而爲上中。揚州大概則下上，而差等之處，則有升而爲中下，皆其當時之則例如此，要不可以指定言耳。若如此説，則庶乎經文前後可以通貫，考古者更爲我評之。

恒、衛既從，恒水出今定州曲陽，衛水出今真定之境。**大陸既作。**跨相、趙、深三州之境。

孔氏曰：二水既治，從其故道。大陸之地，已可耕作。

班氏曰：恒水出常山上曲陽縣恒山北谷，東入滱。滱水出代郡靈丘縣，東至文安入大河。按，上曲陽，後齊去上字，隋開皇六年改爲石邑，七年改曰恒陽。唐元和十五年，更名曲陽。靈丘屬唐蔚州，今爲化外。文安，漢渤海之縣也，唐隸莫州，今隸霸州。按，《水經》「滱水東北至長城，注于易水」，班氏謂入大河，恐非。文安去長城亦近。衛水出常山靈壽縣東北，東入虖池。熙寧八年[一]，省靈壽爲鎮，入行唐。按，虖池出代州繁畤縣東南□皐山[二]，逕深州

〔一〕按，「熙寧八年」，《宋史·地理志》作：「靈壽。次畿。熙寧六年，省爲鎮入行唐。」（中華書局，一九八五年版）

〔二〕「□皐山」，底本「皐」上一字模糊不清，其他諸本亦闕。按，《通典》卷一七九《州郡九》代州繁畤縣下有注曰：「有虖池河，源出縣東南泒皐山。」（中華書局，一九八八年版）

饒陽縣北，至冀州信都縣□東入海[一]。古信都界，當東北至海。**大陸澤在鉅鹿縣北。**按，《釋地》十藪云「晉有大陸」，孫炎等皆云今鉅鹿縣北廣河澤也。《通典》：「邢州鉅鹿縣，漢南蠻地。」漢鉅鹿縣，今平鄉縣也。按，《九域志》：平鄉今廢入鉅鹿爲鎮。鉅鹿隸相州，是相州鉅鹿縣有大陸。《通典》：「趙州昭慶縣，漢廣河縣也，隋爲大陸縣，有大陸澤。」《唐志》云：昭慶本大陸，武德四年曰象城，天寶元年更名昭慶。《九域志》云：「皇朝開寶五年，改昭慶爲隆平。熙寧六年，省隆平爲鎮，入臨城。」是趙州臨城縣有大陸。《通典》：「深州，陸澤縣。」《禹貢》大陸亦在此。《唐志》云：先天二年，析深州饒陽鹿城，置陸澤縣。《九域志》云：「皇朝雍熙四年，省陸澤入静安。」是深州静安縣有大陸。

曾氏曰：恒、衛二水在帝都之北而且遠，大陸地最卑，而河所經，故其功成在《禹貢》田賦既定之後。

葉氏曰：河流有歸，二水不治而自從也。二水從而大陸可作矣。高平曰陸，大陸曰阜，大陸以地形得名也。

〔一〕「□東入海」，底本「東」上一字模糊不清，其他諸本亦闕。

〇大陸之地廣大，跨相、趙、深三州俱有之，不止於河所經也。恒、衛二水既入滱與虖池，而滱、虖池皆逕大陸之北而東行，言恒、衛既從，則滱、虖池之治可知矣。滱、虖池治則大陸之可耕作必矣。雖然，禹迹既至衡、漳，則不隨及恒、衛，而乃於田賦既定之後，徐而治之。何也？蓋大河既疏，汾、漳諸水既導，冀州之患亦既平矣，而恒、衛非其所甚急，故緩之。唐孔氏曰：「禹之治水，必每州巡行，度其形勢，計其人功設施規模，指授方略，令人分布並作。」此説甚當，然緩急先後之宜，禹亦不應無有也，學者讀《禹貢》，須察其緩急先後之宜，則智識可以明，而他日輔吾聖君以經綸天下之大務，當與禹治水同，學者其勉哉！

島夷皮服。

孔氏曰：海曲謂之島，居島之夷還服其皮，明水害除。

唐孔氏曰：島是海中之山，《九章算術》所云「海島邈絶，不可踐量」，是也。

蘇氏曰：東北海夷也，水患除，故復皮服。

林氏曰：冀州之島夷、青州之萊夷、徐州之淮夷、梁州之和夷，與雍州之崐崘、析支、渠搜，皆是逐州之間所近要荒之服也。洪水既平之後，任土作貢，自綏服之内，皆有每歲之常貢。至於要荒之服，則不責其必貢也，亦不責其重貨也。間有欲效誠於上者，則使之惟輸其所有之物，如蠙珠纖皮之類是也。島夷皮服者，言水害既除，海曲之夷獻其皮服也。蘇氏以揚州島夷之卉服爲厥篚，至於此州之皮服，則云水患既除，得服皮服，是以此二句分爲兩説，其自違戾如此。

夾右碣石，入于河。山在今平州盧龍縣。

孔氏曰：碣石，海畔山。禹夾行此山之右，而入河逆上。

班氏曰：大碣石在右北平驪城縣西南。顔氏曰：「碣音桀〔一〕。」按，《後漢志》：碣石山在遼西臨渝縣南。《隋志》：「北平盧龍縣有臨渝宫，有碣石。」《唐志》：「盧龍隸平州。」

〔一〕「音」，底本原作「者」，據經解本、四庫本及《漢書·地理志》（中華書局，二〇〇二年版，以下所引此書皆爲此版，不再一一標注）改。

唐孔氏曰：下文導河入于海，傳云：「入於渤海。」今滄州界。渤海之郡，當以此海爲名。計渤海北距碣石五百餘里，河入海處遠在碣石之南，禹行碣石，不得入於河也。蓋遠行通水之處，北盡冀州之境，然後南迴入河而逆上也。《梁州傳》云：「浮東渡河，而還帝都白所治。」則入河逆上爲還都白所治也。

司馬氏曰：九河同爲逆河，入于渤海。瓚釋其言曰：「河口之入海，乃在碣石也。」武帝元光二年，河徙東郡，更注渤海。禹時不注渤海也。

蘇氏曰：夾，挾也。自海入河，逆流而西，左顧碣石，如在挾掖也。

林氏曰：冀州所都，蓋在東河之西，南河之北，西河之東，三面距河，是其建邦設都之意，實有取於轉輸之利、朝貢之便也。《禹貢》所載，上言賦貢篚之事，而於下言其所以達於帝都之道。其始末曲折，莫不盡備，而皆以達于河爲至，蓋達乎河則達于帝都故也。此云「夾右碣石，入于河」者，蓋在冀州之北者遠於帝都之地，或有舟楫轉輸，則必遵海道以入于河，然後至於帝都。瀕河之地，則徑自河以達于帝都矣。

張氏曰：此又記山川形勢所在也。

○此記島夷入貢之道耳，餘不必專自碣石入河也。觀西傾因桓是來可見，不獨西傾，雍之浮積石亦然。記遠不記近，此經文之妙。

濟、河惟兖州。

孔氏曰：東南據濟，西北距河。

唐孔氏曰：據謂跨之。距，至也。濟、河之間，相去路近。兖州之境，跨濟而過，東南越濟水，西北至東河也。

李氏曰：濟、河間其氣專質，體性信謙，故云兖。兖，信也。

杜氏曰：蓋以兖水爲名。又兖之爲言端也信也。端言陽精端端，故其氣纖殺也。

林氏曰：自兖州而下八州，皆以其高山大川定逐州之疆界，序所謂别九州，而篇首所謂奠高山大川也。九州命名之意，蓋出於一時之偶然，不可必求其義也。

鄭氏曰漁仲：《禹貢》之書，所以爲萬代地理家成憲者，以其地命州，不以州命地也。如兖州者，當時所命之名，後世安知其在南在北？故曰「濟、河惟兖州」，以濟水、河水之間爲兖州也。以荆山、衡山之間爲荆州，故曰「荆及衡陽惟荆州」。

濟、河者，萬代不泯之川也。荆、衡者，萬代不泯之山也。使荆、兖之名得附此山川，雖後世更改移易，爲不没矣。

九河既道。其地已淪於海。

孔氏曰：河水分爲九道，在此州界。平原以北是。今德州有平原縣。

唐孔氏曰：河從大陸東畔北行，而東北入海。冀州之東境，至河之西畔，水分大河東爲九道，故知在兖州界，平原以北是也。《釋水》載九河之名，云徒駭、太史、馬頰、覆釜、胡蘇、簡、潔、鉤盤、鬲津。漢成帝時，河隄都尉許商上書曰：「古記九河之名，有徒駭、胡蘇、鬲津，今見在成平東光鬲縣界中。自鬲津以北至徒駭，其間相去二百餘里[一]。」是知九河所在，徒駭最北，鬲津最南。蓋徒駭是河之本道，東出分爲八枝也。許商上言三河，下言三縣，則徒駭在成平，胡

〔一〕「二百餘里」，底本原作「三百餘里」，據宋魏縣尉宅刻本《附釋文尚書注疏》、宋兩浙東路茶鹽司刻本《尚書正義》孔穎達正義及《漢書·溝洫志》改。

蘇在東光，鬲津在鬲縣，其餘不復知也。《爾雅》九河之次，從北而南，既知三河之處，則其餘六者，太史、馬頰、覆釜在東光之北、成平之南；簡、潔、鉤盤在東光之南、鬲縣之北也。其河填塞，時存故道。成平晉猶存，未詳其後廢於何時。當在今滄州之境[一]，東光今隸永靜軍。《通典》德州安德縣「有漢鬲縣故城在西北」。鄭玄云：「周時齊桓公塞之，同爲一河，今河間弓高以東至平原、鬲津，往往有其遺處。《春秋緯·寶乾圖》云：移河爲界[二]，在齊呂填閼八流以自廣。」鄭氏蓋據此文爲齊桓公塞之也。言閼八流拓境，則塞其東流八枝，并使歸於徒駭也。《五代職方考》云：「周顯德二年，廢弓高入東光。」

杜氏曰：徒駭、鬲津、鉤盤、胡蘇四河，並在今景城郡界。滄州。馬頰、覆釜二

〔一〕「當」，底本殘闕不清，經解本、四庫本作「先」，依底本所見部分及文例，補作「當」。

〔二〕「移河爲界」，底本「移」字模糊，經解本、四庫本作「黄」，今據宋魏縣尉宅刻本《附釋文尚書注疏》及宋兩浙東路茶鹽司刻本《尚書正義》孔穎達正義補。

河，並在今平原郡界。德州。其餘三河未詳。〔一〕

程氏曰：河患惟漢最甚，其講求禹迹，亦爲最詳，又與三代耳目略接，其所得知，僅如許商所言三河，而亦不能真確。唐杜氏乃九得其六，此殆難以輕信也。鄭氏謂八河爲威公所塞，如其果然，則鄰境對立，隨受決灌，其肯坐視不争與？

漢王氏曰：昔天常連雨，東北風，海水溢西南，出浸數百里，九河之地，已爲海水所漸。

林氏曰：河自大陸而北，分爲九河，以入於海。九河之名，《爾雅》所謂徒駭一，太史二，馬頰三，覆釜四，胡蘇五，簡六，絜七，鉤盤八，鬲津九是也。曾氏曰：「徒駭至鬲津皆是複名，先儒以簡、絜爲單名，固不倫矣。《爾雅》但載八名，其一不名者，河之經流也。」漢許商曰：「徒駭是河之本道，東出分爲八枝。」審如許商之言，則河自徒駭乃分爲八。審如曾氏之言，則是九河其一爲經流，而其八者皆支

〔一〕按，底本此下「程氏曰」至「九江孔殷」經文下之「孔氏曰」，闕四十餘版。四庫本「其餘三河未詳」句下注曰：「按，以下至『九江孔殷』孔氏傳，刻本闕佚，今從《永樂大典》增入。」此間闕文，今據四庫本補。

流也。然據下文云「又北，播爲九河，同爲逆河，入于海」，九者並列支派，則其勢均也，安得以一爲經流、八爲支派哉？九河之地在漢平原郡以北。

雷夏在今濮州雷澤縣。**既澤，灉、沮會同。**

孔氏曰：雷夏，澤名。灉、沮二水會同此澤。

班氏曰：雷夏，在濟陰城陽縣西北。按，《通典》：濮州雷澤縣，漢成陽縣也，有雷夏澤。《隋志》云：雷澤，舊曰城陽，後齊廢；開皇十六年復置，曰雷澤。

唐孔氏曰：洪水之時，高原亦水，澤不爲澤。雷夏既澤，高地水盡，此復爲澤也。於澤之下言「灉、沮會同」，謂二水會合而同入此澤也。《爾雅》云：「河有灉〔一〕。」又曰：「灉反入。」郭璞注云：「即河水決出復還入者。」今濮州有沮溝，《九域志》以爲《禹貢》沮水。觀經會同之文，安國謂「會同此澤」，則灉、沮二水皆當自濮州入雷夏。而《爾雅》乃以灉爲出於河而復入於河，則二水蓋不同矣。二水所出所逕，載籍別無所詳，雖穎達、東坡亦闕而不言。

〔一〕按，「河有灉」，鐵琴銅劍樓舊藏本《爾雅·釋水》此處原文作：「水自河出爲灉。」

王氏曰：既澤者，水有所鍾而不溢也。

葉氏曰：九河未道，則水之汎溢者雷澤不能受，故九河既道而後雷夏可澤。雷夏既澤，則灉、沮亦會同於海矣。

林氏曰：灉、沮二水，先儒並不著其水本末，故孔氏曰：二水會合同入此澤。蓋謂同注於雷澤也。

張氏曰：九河、雷夏、灉、沮皆在兖州，禹先治河，使九河復歸故道，雷夏復爲故澤，而灉、沮二水復會同於雷夏，則兖州之水患除矣。

桑土既蠶，是降丘宅土。

孔氏曰：地高曰丘，大水去，民下丘居平土，就桑蠶。

鄭氏曰：此州寡於山，而夾川兩大流之間，遭洪水，其民尤困。水害既除，於是下丘居土，以其免於厄尤喜，故記之。

葉氏曰：他州之水，或限於山，或決於川，民皆失其居業，惟下流爲甚。故降丘宅土，獨於兖言之。

○水患去而人有條桑育蠶者矣，是其降丘宅土爲可知也。是之一言，其禹觀省斯民慰喜之辭與？

厥土黑墳，

馬氏曰：墳，有膏肥也。

韋氏曰：墳，音勃憤切，起也。

厥草惟繇，厥木惟條。

孔氏曰：繇，茂；條，長也。

唐孔氏曰：繇是茂之貌，條是長之體，言草茂而木長也。

馬氏曰：繇，抽也。

呂氏曰：繇，始抽。條，始長。水患最深如此，與漸包、夭、喬不同〔一〕。

〔一〕「夭喬」，四庫本原作「喬大」，通志堂經解本《東萊書説》作「惟喬」，此據墨海本及《禹貢》經文「草木漸包」，「厥草惟夭，厥木惟喬」改。

林氏曰：九州惟此與揚、徐之二州言草木者，蓋此三州，比九州之勢，最居下流。其地卑濕沮洳，遭洪水之患，草木不得遂其性而生育，其已久矣。至是而或繇或條，或夭或喬，或漸包，故於三州言之[一]，以見水土既平，草木得遂其性也。

厥田惟中下，厥賦貞。

孔氏曰：田第六。貞，正也。州第九，賦正與九相當。

唐孔氏曰：《周易》彖、象，皆以「貞」爲正也。諸州賦無下下，「貞」即下下，爲第九也。此州治水，最在後畢。州爲第九成功，其賦亦爲第九。列賦於九州之差，與第九州相當，故變文爲「貞」，見此意也。

蘇氏曰：貞，正也。賦當隨田高下，此其正也。其有不相當者，蓋必有故，非其正也。此州田中下，賦亦中下，皆第六，故曰貞。

[一]「三州」，四庫本原作「逐州」，據毛氏汲古閣鈔本林氏《尚書全解》及上下文文義改。

林氏曰：厥田惟中下者，田第六也。厥賦貞，先儒云：「貞，正也。州第九，賦正與九相當。」此二者不同，當從先儒之説。九州之賦，相較而爲上下之等。雍州之賦出第六，而兖州之賦不應又出於第六也。先儒所以謂州第九、賦正與九相當者，蓋參考九州獨無下下之賦，故此州治水最在後畢，州爲第九成功，其賦亦爲第九，此其説是。蓋洪水之害，河爲最甚。而兖州又河之下流，其被墊溺之患，比於餘州最爲慘酷，故雖能獲播種之功，而土曠人希，又卑濕沮洳之患未盡去，是以樹藝之利尚非所宜，雖田在第六，而其賦比於九州爲最少也。〔一〕

冀賦第一，豫第二，荆第三，青第四，徐第五，雍第六，揚第七，梁第八，兖

〔一〕「此二者不同，當從先儒之説。九州之賦，相較而爲上下之等。雍州之賦出第六，而兖州之賦不應又出於第六也。先儒所以謂州第九、賦正與九相當者，蓋參考九州獨無下下之賦，故此州治水最在後畢，州爲第九成功，其賦亦爲第九，此其説是。蓋洪水之害，河爲最甚。而兖州又河之下流，其被墊溺之患，比於餘州最爲慘酷，故雖能獲播種之功，而土曠人希，又卑濕沮洳之患未盡去，是以樹藝之利尚非所宜，雖田在第六，而其賦比於九州爲最少也。」此一百七十四字，四庫本原鈔於上文蘇氏曰「故曰貞」後，據墨海本及毛氏汲古閣鈔本林氏《尚書全解》乙正於此。

第九。

〇禹定九等之田、九等之賦，考於經明甚，而不應於兖一州，又附雍之第六，而獨無下下一等也。東坡之説似是而非。二孔之見雖的，而「貞」之一字訓釋不通。林氏取舍雖甚當，而論「貞」之爲義，猶孔氏也。余不滿於是，畫禹賦之次第而思之，然後知經文之妙，非後世史官所可跂而望者。何者？紀賦之次，自冀之上上而至於梁之下中，其爲八等著矣，兖不言其爲九可知矣，故變下下之文而言貞，所以明其賦爲什一之正，輕重不容加損也。以一州之斷義，而上該八州之成，則經文不亦焕然矣乎！猶之「行水」「載治」「修之」三字舉於冀，而八州惟言其效；猶之二州之同役，壺口、梁岐著於冀，而八州惟言境内之所治，經文簡嚴，大抵如此，非深求其意莫能知也。

作十有三載，乃同。

孔氏曰：治水十三年，乃有賦法，與他州同。

唐孔氏曰：作者，役功作務，謂治水也。治水十三年，乃有賦法，始得貢賦，與他州同也。他州十二年，此州十三年，比於他州，最在後也。《堯典》言鯀治水，九載績用不成，然後堯命得舜，舜乃舉禹治水，三載功成，堯即禪舜。此言十三載者，并鯀九載數之。《祭法》云「禹能修鯀之功」，明鯀已加功，而禹因之也。此言十三載者，紀其治水三年，言其水害除耳，非言十三年内皆是禹之治水施功也。馬融曰：「禹治水三年，八州平，故堯以爲功而禪舜。」是十二年而八州平，十三年而兖州平，兖州平在舜受終之年也。

張氏曰：禹治水，乃是歷試時。歷試三年，堯乃禪位，以禹治水成功也。舜受禪，乃巡狩，分九州爲十二州。使水未平，豈能爲此乎？是《禹貢》之作，乃堯在位舜歷試時也。

曾氏曰：高堂隆之言曰：「禹治洪水，前後歷年二十二載。」

林氏曰：曾氏舉高堂隆之言，並以鯀之九載，並此十三載，而數之爲二十二載也。此説皆不然。據此文承於「厥賦貞」之下，而又曰「作十有三載乃同」，則是專爲兖州之賦而言也。蓋兖州之賦，必待十有三載，然後同於餘州。非所謂此州治水至十有三載而後功成也[一]。

○孟子曰：「禹八年於外，三過其門而不入。」而此言作十有三載，何也？蓋八年而水患平，十有三年而兖之田賦定。兖雖河患最甚，施功八年，其患亦已去矣，而土田沮洳，疆畎廢壞，離散未集，室廬未修，故猶有待於五年之久，而田賦始定者，蓋可知矣。經云「厥賦貞作十有三載乃同」，作也者，田里之役作也，非指水患言也。或曰：子之説於《禹貢》爲通，於高堂隆之見爲合，其如矛盾《舜典》何？如孔、張二公有據何？曰：予請明辨之。自鯀績不成而舜歷試之初，即舉禹以當治水之任，逮舜攝位，而施功已二年矣。舜巡狩何害乎？正使水患未平，舜亦豈憚一行爲之觀省乎？肇十有二州，以洪水之際，民多捨卑即高，冀、青之北不勝其萃聚矣。於是建官不多，難以爲治，故禹創增三州曰營、幽、并者，亦當時隨宜事耳。其實禹別九州，在歷試時規畫已成，凡山川之奠，固已一遵堯舊，及敷奏此篇時，亦不必改，但所異者，九與十二之名耳。豈若後世之人，冀以要君之寵，而必

〔一〕「至」，四庫本原作「指」，據墨海本及毛氏汲古閣鈔本林氏《尚書全解》改。

欲趨時以爲便乎？又況幽、營之地，禹迹鮮及，惟常山、碣石之役至其南耳，并州之境，亦太原一役而已。顧必欲變已别之九爲後來之十二，何爲乎？大抵後世傳經之士，多以私意窺億聖人，故經意愈不明，而説者愈紛紛也。孟子生秦漢之前，去古猶近，凡有所言，正當取信，要不可泥孔、張三載之説而廢孟子八年之計，善稽古者其必有以辨之。

蘇氏曰：兖州河患最甚，故功後成。至於「作十有三載」。又前「予乘四載」，傳云，水行乘舟，陸行乘車，泥行乘楯，山行乘樏。秦漢以來師傳如此。且孔氏之舊也，故安國知之，非諸儒之臆説。四載之解，雜出於《尸子》《慎子》，而最可信者，太史公也，亦如六宗之説，自秦漢以來尚矣，豈可以私意曲學、鐫鑿附會爲之哉？而或以鯀治水九載，兖州作十有三載乃同，禹之代鯀，蓋四載而成功也。世或喜其説，然詳味本文，「予乘四載」，「隨山刊木」，則是駕此四物，以行於山林川澤之間，非以四因九，通爲十三載之辭也。按，《書》之文，鯀九載績用弗成，在堯未得舜之前，而殛鯀在舜登庸歷試之後。殛鯀而後禹興焉，則禹治水之年不得與鯀之九載相接，兖州之功，安得通四與九爲十三乎？禹之言曰：「娶於塗山，辛壬癸甲。」是娶在治水之中。又曰：「啓呱呱而泣。予弗子，惟荒度土功。」是啓生在水患未平之前也。禹服鯀三年之喪而至娶，自娶而至於有子，自有子而至於生泣，亦已久矣，安得在四載之中乎？反覆考之，皆與《書》文乖異。《書》所云「作十有三載乃同」者，指兖州之事，非謂天下共作十三載也。近世學者喜異而巧於鑿，故詳辨之，以解世之惑。

〇堯在位七十載，鯀考績無成之年也，時即求舜而女之。舜升於朝，蓋七十一載矣。治水之事不容緩，舜舉禹當七十一載，而東坡執《洪範》「鯀則殛死，禹乃嗣興」之文，蓋言父以無功而死，子以有德而興，非謂鯀死而後禹始用於堯也。東坡考四載之説甚當，而考經有未的，則猶未能杜好奇者之口，余故不得不辨。

程氏曰：禹之自言「予乘四載」，又曰「娶于塗山，辛壬癸甲」，以辛壬癸甲通鯀九載而得年，正十有三也。是禹獨任水事之日淺，而鯀創立規模之日長也。故記禮者，本其所自而言之，禹能修鯀之功也。孟子曰「禹八年於外，三過其門而不入」，當是并其佐鯀之年而計之與？

〇禹代鯀，當堯之七十一載，適爲辛年，則程氏之辭信矣。而堯以甲辰即位，七十一載乃是甲寅。若以禹代鯀在位七十一載之前，堯之六十八載，固是辛亥，而孟子言堯憂洪水，舉舜敷治，舜乃舉禹。舜登庸在七十一載，則辛亥禹固未用。借使辛亥禹已見用，則七十一載正當甲寅，辛壬、癸甲，禹之功至此成矣。及舜登庸，又何敷治之有？而堯之憂猶在於此，何耶？古之人三十而娶，禹娶在治水之中，則堯之用禹亦早矣。當鯀治水時，禹年猶幼，佐鯀之説亦不可用也。使其果佐鯀，如益、稷之佐己，當必自有職業，而亦必有幾諫正救之功，簡牘略無傳，何也？今即《禹貢》觀之，地平天成，功績若此其大，雖以神爲之，非三考責成不可也。三考九年，孟子止言八年於外者，其一係成功之年，禹已還歸故也。

厥貢漆、絲，厥篚織文。

孔氏曰：地宜漆林，又宜桑蠶。織文，錦綺之屬，盛之筐篚而貢焉。

鄭氏曰：貢者，百功之府受而藏之，其實於篚者，入於女功，故以貢篚別之。

蘇氏曰：幣帛盛於篚，故《書》曰「篚厥玄黄」。

林氏曰：兖州之地宜漆林，又宜桑蠶，故貢此二物也。有貢又有篚，乃入貢之物盛於篚而貢焉。古者幣帛之屬，皆盛於篚。蘇氏引「篚厥玄黄」爲證是也。織文者，錦繡之屬。曾氏曰：「織文，因織而有文者，錦繡之屬不一，故言織文以包之。謂之織，則繪畫組繡而有文者不與焉。」

浮于濟、漯，漯水出今北京莘縣。**達于河。**

孔氏曰：順流曰浮。濟、漯，兩水名。因水入水曰達。

唐孔氏曰：揚州之沿于江海，達于淮泗，傳云「沿江入海，自海入淮，自淮入泗」，是言水路相通，得乘舟經達也。按，青州云「浮于汶，達于濟」，經言「濟會于汶」，浮汶得達濟也。此言「浮于濟、漯，達于河」，從漯入濟，自濟入河。徐州云「浮于淮、泗，達于河」，蓋以徐州北接青州，既浮淮、泗，當浮汶入濟，以達于河也。

班氏曰：漯水出東郡東武陽，至樂安千乘縣入海。應劭「平原郡漯陰縣」注云：「漯水出東武陽東北入海。」桑欽云：「漯水出平原郡高唐縣。」按，東武陽其地屬今北京莘縣，即今博州之縣。漯陰當在今德棣之境，而千乘則唐屬青州。以地望審之，漯水蓋出東武陽而過高唐，又東過漯陰，至千乘而入海。桑氏謂出高唐，誤矣。

林氏曰：二水不必相通，苟濟亦可以入河，漯亦可以入河，則亦可以謂之「浮于濟、漯，達于河」。達者，唐孔氏曰：「從水入水曰達。」達當從水入水，不須舍舟而陸行也。

〇禹時濟、漯皆受河，貢賦之道，或自濟或自漯，各隨其便入河云耳，非如潁達謂從漯入濟，自濟入河。

海、岱惟青州。

孔氏曰：東北據海，西南距岱。

唐孔氏曰：海非可越而言據者，東萊，東境之縣，浮海入海曲之間；青州之境非止海畔而已，故言據也。

嵎夷當在今登密之境。**既略，濰、淄其道。**

孔氏曰：嵎夷，地名。用功少曰略。濰、淄二水，復其故道。

唐孔氏曰：嵎夷，地名，即《堯典》「宅嵎夷」是也。嵎夷、萊夷、和夷爲地名，淮夷爲水名，島夷爲狄名，皆觀文爲説也。略是簡易之義，故用功少爲略也。

班氏曰：濰水出琅琊箕北，至都昌入海。顔氏云：「出箕屋山。」《通典》云：「密州屬漢琅琊莒縣，東北有濰山，濰水所出。」濰山當即是箕屋山，異世殊稱耳。《通典》云：「青州臨朐縣有漢都昌城，在東北，今故城在濰州界。」見九域故迹。淄水出泰山萊蕪縣原山東，至博昌入泲。《通典》云：「淄州，淄川縣有淄水溪，萊蕪故城在東南。」博昌，唐隸青州。

林氏曰：嵎夷，則羲仲所治東方之極也。島夷、和夷皆在要服之外，去中國之境宜遠，故言其服與厎績而已。嵎夷既羲仲所治，則其地宜近而相及，必有以限其内外而正之。故特言「既略」，《春秋傳》所謂「天子經略，諸侯正封」是也。○嵎夷在其東，濰淄在其西，治水從東而西也。嵎夷封略，昔已有之，特爲洪水所壞，今再修整而已，非禹創爲之也。

厥土白墳，海濱廣斥。

孔氏曰：濱，涯也。言復其斥鹵。

唐孔氏曰：濱，涯，常訓也。《説文》云：「鹵，鹹地也。東方謂之斥，西方謂之鹵。」海畔迴闊，地皆斥鹵，故云「廣斥」。言水害除復舊性也。

厥田惟上下，厥賦中上。厥貢鹽、絺，海物惟錯。

張氏曰：海物奇形異狀，可食者衆，非一色而已，故雜然並貢。

岱畎絲、枲、鈆、松、怪石。

○鹽、絺海物，青州大率之貢也。至於此五物，或惟岱畎有之，或他地有之而不足以貢，故别言岱畎，所謂任土作貢於此可見。

萊夷作牧，今萊州之地。**厥篚檿絲。**

孔氏曰：萊夷，地名，可以放牧。按，《通典》：「萊州，春秋萊子國也。《禹貢》『萊夷作牧』是也。」

蘇氏曰：牧，芻牧也。傳曰「牧隰皋，井衍沃」，蓋海水患除[一]，始芻牧也。檿絲惟出東萊，以織繒，堅韌異常，萊人謂之山蠶。「萊夷作牧」而後有此，故書篚在作牧之後。

葉氏曰：《周官》井牧之法，以田萊爲辨，則地以萊名，宜可耕作而畜牧也。「檿絲」繼「萊夷」言，其貢或出於萊夷也。

浮于汶，出今兗州萊蕪縣原山，至鄆州須城縣入濟。**達于濟。**

班氏曰：**汶水出泰山萊蕪縣原山**[二]**，西南入濟。**按，《通典》：「兗州萊蕪，漢舊縣地，汶水所出而流入濟。」桑氏曰：「汶水西南過壽張縣北，又西南至安民亭，入于濟。」酈氏曰：「汶水出須昌入濟。」須昌，今爲須城，鄆州所治。壽張今隸鄆州，在州西南六十里。安民亭，當在

〔一〕「蓋」，四庫本原作「並」，據景印文淵閣《四庫全書》本蘇軾《書傳》改。

〔二〕「原山」，四庫本原作「原南」，據下文「林氏曰」之文及《漢書·地理志》改。按，《漢書·地理志》原文作「汶水出萊毋，西入濟」。

二縣之界。

程氏曰：不書達河，因兖貢前文也。

林氏曰：《地里志》云，汶水出泰山萊蕪縣原山〔一〕，西南入濟。即下文所謂「導沇水，東流爲濟」，「東至于菏〔二〕，又東北，會于汶」是也。謂此州將欲達于帝都，當浮于汶，以達于濟，然後由于濟以達于河也。

海、岱及淮惟徐州。

《釋地》曰：「濟東曰徐州。」郭氏注曰：「自濟東至海。」

孔氏曰：東至海，北至岱，南及淮。

杜氏曰：或云因徐丘爲名。

李氏曰：淮海間其氣寬舒，禀性安徐，故曰徐。徐，舒也。

〔一〕「萊蕪縣」，四庫本原作「萊山縣」，據《漢書·地理志》及毛氏汲古閣鈔本林氏《尚書全解》改。

〔二〕「菏」，四庫本原作「河」，據墨海本、毛氏汲古閣鈔本林氏《尚書全解》及《禹貢》經文改。

張氏曰：李廵言「淮海間其氣寬舒，稟性安徐」，夫揚州北跨淮，南距海，何爲其性反輕揚乎？

淮沂其乂，蒙羽其藝。

孔氏曰：二水已治，二山已可種藝。

唐孔氏曰：《地理志》云：「沂水出泰山蓋縣臨樂子山，南至下邳入泗，過郡五，行六百里。」

班氏曰：沂水出泰山蓋縣臨樂子山，南至下邳入泗。考《隋志》已無蓋縣，當是南北時并省。《通典》沂州、沂水縣，當是漢蓋縣之地。蒙山在泰山蒙陰縣西南。按，《漢志》：「顓臾國在蒙陰縣蒙山之下。」《通典》言沂州費縣臾城，知費本漢蒙陰之地。羽山在東海祝其縣南。《通典》：「海州朐山縣有羽山，殛鯀處。」《後漢志》引《博物記》云：「俗謂此山爲懲父山。」祝其，晉猶在，當南北時廢，其地當屬今朐山。

酈氏曰：沂水出魯城東南尼丘山西北，逕雩門。門南隔水有雩壇，高三丈，曾點所謂「風乎舞雩」處也。沂水又西逕圓丘北，又西注泗水。此曾點所謂「浴乎沂」之沂，非此「淮沂其乂」之沂也。魯即今兖州仙源縣。

大野既豬，東原底平。

孔氏曰：大野，澤名。水所停曰豬。東原致功而平，言可耕。

唐孔氏曰：《地理志》云：「大野澤在山陽鉅野縣北。」鉅即大也。《檀弓》云：「汙其宮而豬焉。」又澤名孟豬，停水處也，故云「水所停曰豬」。往前漫溢，今得豬水爲澤也。東原即今之東平郡也。致功而地平，言其可耕也。

厥土赤埴墳，草木漸包。

孔氏曰：土黏曰埴。漸，進長。包，叢生。

唐孔氏曰：職、埴音義同[一]。《考工記》用土爲瓦謂之摶埴之工，是埴謂黏土，

〔一〕「職」，宋魏縣尉宅刻本《附釋文尚書注疏》孔穎達正義作「戠」。

故土黏曰埴。《易·漸》彖曰：「漸，進也。」《釋言》云：「苞，稹也〔一〕。」孫炎曰：「物叢生曰苞，齊人名曰稹。」郭璞曰：「今人呼叢緻者爲稹。」漸包，謂長進叢生，言其美也。

林氏曰：此州之土，色而別之則赤，性而別之則有墳、埴之二種。墳者，土膏脈起也。徐州之地受淮之下流，其地墊溺已甚，草木不得遂茂，爲日久矣，今也洪水既平，乃至於進長叢生，故可書也。

葉氏曰：包者其本固，猶《詩》言「如竹包矣」。

吕氏曰：漸包，結實也。

張氏曰：水患既平，土色復其本性，故赤黏而墳起；草木復其本性，故漸進而叢生。

〇土之性埴者不能墳，墳不能埴，故林氏以爲二種，其説甚當。而張氏言赤黏而墳起，或者其未之察歟？「包」當如《易》「苞桑」之苞。漸包，言浸浸乎其苞也。

〔一〕「稹也」，四庫本原作「稙也」，據宋魏縣尉宅刻本《附釋文尚書注疏》孔穎達正義及上下文文義改。

厥田惟上中，厥賦中中，厥貢惟土五色。

孔氏曰：王者封五色土爲社。建諸侯，則各割其方色土與之，使立社，燾以黄土，苴以白茅。茅取其絜，黄取王者覆四方。

唐孔氏曰：《韓詩外傳》云：「天子社廣五丈，東方青，南方赤，西方白，北方黑，上冒以黄土。將封諸侯，各取其方色土，苴以白茅，以爲社，明有土謹敬絜清也。」蔡邕《獨斷》云：「天子大社，以五色土爲壇。皇子封爲王者，授之大社之土，以所封之方色，苴以白茅，使之歸國以立社，謂之茅社。」是必古書有此説，故先儒之言皆同也。

林氏曰：天子之建社，必用五色之土，而徐州之土備此五色，故使貢之也。前言赤埴墳，此又兼五色者，蓋此州之土大抵赤色者最多，青、黄、白、黑僅有之而已。

羽畎夏翟，

孔氏曰：夏翟，雉名。羽中旌旄，羽山之谷有之。

唐孔氏曰：《釋鳥》云：「翟，山雉。」此言夏翟，則夏翟共爲雉名。《周禮》立夏采之官，取此名也。《周禮》司常云〔一〕：「全羽爲旞，析羽爲旌。」用此羽爲之。林氏曰：羽即「蒙羽其藝」之羽。羽畎，羽山之畎，猶之岱畎也。

嶧在今兖州鄒縣。**陽孤桐。**

孔氏曰：孤，特也。嶧山之陽，特生桐，中琴瑟。

班氏曰：東海下邳縣西有葛嶧山，魯國騶縣北有嶧山。今下邳爲淮陽軍之縣，騶即兖州之鄒縣。下邳在南，鄒在北，二縣蓋相連境，則知葛嶧者，嶧山之連延者也。

林氏曰：嶧陽者〔二〕，即《詩》所謂「保有鳧繹」是也。孤桐者，特生之桐，可以中琴瑟也。必以孤桐者，猶言孤竹之管也。

〔一〕「司常」，四庫本原作「司帝」，據墨海本、宋魏縣尉宅刻本《附釋文尚書注疏》孔穎達正義及《周禮》改。

〔二〕「嶧陽者」，四庫本原作「嶧陽陽」，據毛氏汲古閣鈔本林氏《尚書全解》及文義改。

泗出今兖州泗水縣。**濱浮磬，**

孔氏曰：泗濱，水涯。水中見石，可以爲磬。

班氏曰：泗水出濟陰乘氏縣東南，至臨淮睢陵縣入淮。乘氏，今隸曹州睢陵，故城在下邳東陽。

唐孔氏曰：泗水旁山而過石，爲泗水之涯。石在水旁，水中見石，似石水上浮然〔一〕。此石可以爲磬，故謂之浮磬也。

林氏曰：磬之爲器，必取其石之最輕者，然後其聲清越以長。但以其輕，故謂之浮。不云浮石而云浮磬者，曾氏曰「成磬而後貢之」。

桑氏曰：泗水出魯卞縣北山東南，過下邳縣西，又入於淮。今兖州泗水縣，即漢卞縣地也。

酈氏曰：《山海經》曰「泗水出魯東北」，余昔因公事沿歷徐沇，路經洙泗，因令尋其源流。水出卞縣故城東南、桃墟西北，東南逕下邳縣故城，又東逕角城北，

〔一〕「似石」，宋魏縣尉宅刻本《附釋文尚書注疏》及宋兩浙東路茶鹽司刻本《尚書正義》孔穎達正義作「似若」。

而東南流注於淮。考諸地說，或言於睢陵入淮，亦云於下相入淮，皆非實録也。下相在淮陽宿遷縣界。○泗水實出兖之泗水縣，而班氏言出乘氏者，菏之分濟者也。東與泗會，故菏、泗之稱遂亂。

淮、夷地當在淮之口。**蠙珠暨魚。**

孔氏曰：蠙珠，珠名。淮、夷二水，出蠙珠及美魚。

鄭氏曰：淮水之上夷民，獻此珠與魚也。

唐孔氏曰：蠙是蚌之别名，此蠙出珠，遂以蠙爲珠名。

蘇氏曰：《詩》有淮夷，知古者淮有夷也。

林氏曰：唐孔氏云：「淮夷蓋小水[一]，後竭涸，不復有其處耳。」王肅亦同此説。

〔一〕按，此處「淮」字疑衍，毛氏汲古閣鈔本《尚書全解》作：「唐孔氏云，淮即四瀆之淮也，夷蓋小水，後來竭涸，不復有其處耳。」宋魏縣尉宅刻本《附釋文尚書注疏》孔穎達正義亦作：「淮即四瀆之淮也，夷蓋小水，後來竭涸，不復有其處耳。」。

鄭氏謂「淮水之上夷民獻珠與魚」，當從鄭氏之説。按，《詩》云「憬彼淮夷，來獻其琛」，則是淮夷不得爲水名也。蠙即蚌之别名，謂淮上之夷民，當此洪水既平之後，獻蠙珠及魚之二物，亦如《詩》所謂「來獻其琛」是也。

〇淮夷，要服也，在徐州之外。商之末世，蓋有西侵中國之地，而居淮水之上者矣。武王既定天下，通道夷蠻，封域之正，當盡復古。而周公攝政，成王即辟，雖嘗服輒叛，要東伐之師，不容其亂我華也。其後周衰，四夷交侵中國，淮之南北，不復周有。故宣王中興，命召公平淮夷以復境土，則知大禹弼成之制，其所以限中外而正封圻者甚嚴也。古之興王，其經綸之務，莫先於此矣。

厥篚玄纖縞。

孔氏曰：玄，黑繒。縞，白繒。纖，細也。纖在中，明二物皆當細。

唐孔氏曰：篚之所盛，例是衣服之用。此單言玄，玄必有質，玄是黑色之别名，故知玄是黑繒也。《史記》稱，高祖爲義帝發喪，諸侯皆縞素。是縞爲白繒也。

顏氏曰：玄，黑繒也。纖，細繒也。縞，鮮支也，即今所謂素者也。言獻黑細繒及鮮支也。

曾氏曰：縞亦爲燕服。《記》曰：「有虞氏縞衣而養老。」則知縞又所以爲燕服。徐州之篚，玄也、纖也、縞也，凡三物，釋者以爲玄、縞爲二物，以纖爲細，悞矣。

張氏曰：淮夷貢篚，豈堯科别其民，使之供上哉？蓋水患既除，物復有生，淮中有珠有魚矣，可以蠶桑而爲玄纖縞矣。臣子之心，戴上之德，以爲吾享此安居，衣食此土地而遂其生者，其誰之力也？故其土地所出、人力所極如珠如魚如玄纖縞者，皆貢篚於上，以備服食器用，以効其區區之誠焉。

〇土、翟、桐、磬較之珠、魚、玄纖縞，縱不有輕重，而夷與吾民之貢乃略相參配，何也？凡他州夷貢，皆特寡於吾民而此獨相參配，蓋其地西當淮口、東據海曲，所出之富適在於此，故貢之以効來王之誠，而非禹强其與吾民等輕重也。序曰：「任土作貢。」經曰：「庶土交正，厎慎財賦。」當於是焉求禹之用心。

浮于淮、泗，達于河。

唐孔氏曰：徐州北接青州，既浮淮、泗，當浮汶入濟，以達于河也。

班氏曰：《禹貢》「浮於淮、泗，達于河」。水在山陽湖陵南。

蘇氏曰：渡二水而入於河，汴河右自淮、泗入河，必道於汴。世謂隋煬帝始通汴入泗，禹時無此水道，以疑《禹貢》之言，此特學者考之不詳而已。

葉氏曰：淮、泗之通河久矣，隋時浚汴而大之爾。汴即《水經》所謂汳也。

程氏曰：菏水南可接泗，北可上濟，於是經即江、海、淮、泗、菏、濟、河次比言之，其序由南而北，悉相灌受，無復間斷。而書法所及，已言者不復申言，截然一律，此經書法所謂簡而能該者見矣。許氏《説文》引徐貢本曰「達于菏」，誠爲有理。湖陵地屬今單州魚臺。

〇班氏言菏澤在定陶東，泗水出乘氏縣，定陶、乘氏相去蓋數十里間耳。泗水實出兖之泗州縣界，安得西與菏澤比乎？此蓋菏水分濟而東，與泗會合，故菏、泗之稱遂亂，而班氏所以爲菏爲泗也。湖陵之水亦菏也，班氏又名爲河，此皆於地理未核，遂使後人難以稽據。許氏以徐貢之河爲菏，亦據見水道實迹，而於安國所傳之《書》有不盡信焉耳。程氏深取許，而於浮汶道汴之説，皆黜棄之，信乎其稽古之審也，然於班氏猶有所假借，云菏、河二字古多轉借互用。果如其説，則徐貢之所謂「達于菏」者，豈不以一字之文而亂他州之所謂「入河」「達河」者乎？經書導濟云「東至于菏」，書豫之治水云「導菏澤」，皆爲「菏」字，而於此獨爲「河」，何哉？此蓋古文傳寫之誤無疑。學者逕宗許氏可也，程氏此論甚詳，余不必悉引。

淮、海惟揚州。

孔氏曰：北距淮，南距海。

李氏曰：江南其氣燥勁，厥性輕揚，故曰揚。揚，輕也。

○荆州南境至衡山之陽，故杜氏以南越爲非九州之域，是也。南越非九州之域，則閩、越亦當非，而杜氏猶以隸揚州，何也？考禹治水之迹，止及震澤，而史傳稱其巡狩止及會稽，則會稽而南，爲要荒之地可知矣。故言揚州之境者，當曰「東距海」，不當曰「南距海」。

彭蠡在今江州及南康界。**既豬，陽鳥攸居。**

孔氏曰：彭蠡，澤名。隨陽之鳥，鴻雁之屬，冬月所居於此澤。

唐孔氏曰：彭蠡是江、漢合處，下云「導漾水，南入于江，東匯爲彭蠡」是也。日之行也，夏至漸南，冬至漸北，鴻雁之屬，九月而南，正月而北。左思《蜀都賦》所云「木落南翔，冰泮北徂」是也。日，陽也。此鳥南北與日進退，隨陽之鳥，故稱陽鳥。冬月所居於此彭蠡之澤也。

班氏曰：豫章彭澤縣，《禹貢》彭蠡澤在西。今彭蠡澤隸江州，《九域志》云：「太平興國七年，以江州星子縣置南康軍，又以江州都昌縣隸軍有彭澤湖。」按，《通典》：「都昌，漢彭蠡縣地也。」

張氏曰：鴻雁，江南所在有之，何獨止於彭蠡哉？其意以爲鴻雁來南，至彭蠡而止，故今極南如五嶺之外不復見鴻雁矣。《禹貢》之意尚可考也，向也洪水滔天，彭蠡泛溢，不復可辨，故鴻雁亦無自而居處。今水患既除，水復故道，彭蠡之水既停蓄而不泛溢，故鴻雁至九月亦於此安處也。

林氏曰：彭蠡之澤蓋是江漢所會之處，既豬者，水既豬積於此，不復汎溢以爲民害也。「陽鳥攸居」，謂雁來居於彭蠡之澤，諸儒之説皆同，而竊有疑於此。觀此篇所序治水之詳，見於九州之下，或山或澤，或川或陵，或平陸或原隰，莫非地名。此州上既言「彭蠡既豬」，下言「三江既入，震澤厎定」，皆是地名，而獨於此三句之間言「陽鳥攸居」，非惟文勢之不相稱。然考之九州，亦無此例也。夫雁之南翔乃其天性，有不得不然，豈其洪水未平遂不南翔乎？古之地名取諸鳥獸之名，如虎牢、犬丘之類多矣。《左氏》昭公二十年「公如死鳥」，杜元凱釋曰：「死鳥，衞地。」以是觀之，安知陽鳥之非地名乎？鄭有鳴雁，在陳留雍丘縣；漢北邊有雁門，人皆以雁之所居爲名。陽鳥意類此，意雁之南翔所居地名，故取以爲名。攸居者，水退，其地可居也。然世代久遠，地名之詳亦無所考，雖實疑其如此，然亦未敢以爲必然也。

程氏曰：彭蠡自湖口、彭澤兩邑之間，會於岷、漢二江。湖口隸江州。

三江既入，震澤今浙西太湖也。**厎定。**

孔氏曰：震澤，吴南太湖名。言三江已入，致定爲震澤。

鄭氏曰：三江分於彭蠡爲三，孔東入海。其意言三江既入，入海耳，不入震澤也。按，「其意言」以下十五字，乃孔穎達疏，此誤連引。

班氏曰：南江，在會稽吴縣南，東入海。今隸蘇州。中江，出丹陽蕪湖縣西南，東至會稽陽羡縣入海。今太平州蕪湖縣，即漢蕪湖縣也。《通典》云：漢陽羡縣，故城在常州義興縣南。太平興國元年，義興改爲宜興。北江在會稽毗陵縣北，東入海。今常州晉陵縣也。

韋氏曰：謂吴松江、錢塘江、浦陽江也。錢塘、浦陽一江也，安得爲二江？

郭氏曰：岷江、浙江、松江。

顔氏曰：三江謂北江、中江、南江也。此祖安國之説。

王氏曰：一江自義興，一江自毗陵，一江自吴縣，皆入海。一江在震澤之上，一江在震澤之下，震澤水有所洩，故底定也。上二江今中絶，故震澤有水災，於是見此書所記禹迹，尚足用以治水也。此祖孟堅之説。

蘇氏曰：三江之解，古今皆不明。予以所見考之，自豫章而下入於彭蠡，而東至海，爲南江；自蜀岷山至於九江彭蠡，以入於海，爲中江；自嶓冢導漾東流爲漢，過三澨、大别以入於江，匯爲彭蠡，以入於海，爲北江。此三江自彭蠡以上爲二，自夏口以上爲三。江、漢合於夏口，而與豫章之江皆匯於彭蠡，則三江爲一。

過秣陵、京口以入於海，不復三矣，然《禹貢》猶有三江之名，曰北曰中者，以味別也。蓋以三水性不相入，江雖合而水則異，故至今有三泠之説。古今稱唐陸羽知水味，三泠相雜而不能欺，不可誣也。按，「彭蠡以上爲二」、「夏口以上爲三」，「二」「三」似互譌，檢蘇氏《書傳》已如此，姑仍之。

程氏曰：蘇氏即中北二江之文，以求三江，遂以豫章、彭蠡之江南出而北會者，指爲南江，以足三江之數，是説也，於地則有考，以經則相應，最爲愜當，而其所以分三江者，又求之經文之外，故學者信矣而不堅也。

林氏曰：逐州所序治水之曲折，皆是列序其一州之水於其下，非必以文勢相屬，如下文「導岍及岐」、「導弱水而下」也。而先儒乃有此蔽，如兖州言「雷夏既澤」，然而考其源委之所注，灉、沮實未嘗會於雷夏，三江實未嘗入於震澤也。然而經言「三江既入，震澤底定」者，蘇氏曰：「水之未治也，東南皆海，豈復有吴越哉？及彭蠡既豬，三江入海，則吴越始有可宅之土，而水之所鍾者獨震澤而已。」此説是也。

○爲揚州之患者，江也。爲江之患者，彭蠡也。夫以三江之水相注，鬬激蕩溢，以致横流之多者，是勢之必然者也。今也禹之導江，必於是焉致其力，大其容而使之安會而不競，深岷、漢所趨之地，而使之緩來而不奔，則三江之入海，固不必用吾力，而震澤亦蒙其賜矣。經於此州治水，首書彭蠡，其規畫尚可想見於數千載之下也。一江名三江，考經於會彭蠡之後，分辨中、北江甚明，當是堯、禹時三江既會彭蠡而出，則岷、漢二江復分而爲二，至今下流，每分合不常，余以秣陵而下蓋嘗親考之矣。經文豈欺我哉？程氏以比西河、南河，隨方命名，其爲説非不工，然以解經之導漾東爲北江，導江東爲中江之文，終爲不安，宜試思之。

篠簜既敷，厥草惟夭，厥木惟喬。

孔氏曰：篠簜，水去，已布生。少長曰夭。喬，高也。

李氏曰：竹節相去一丈曰簜。

林氏曰：兖、徐、揚三州皆言草木，兖之繇條，徐之漸包，揚之夭喬，皆言草木之茂盛，特史官變其文耳。雖王介甫之喜鑿，亦不能曲爲之説。

吕氏曰：揚、兖之水尤甚，喬與條可知也。

○夭喬盛於漸包，漸包盛於繇條，言之輕重如此也。觀此足以見三州水患之退有遲速，而禹之所記亦不容無淺深故也。雖然，孟子言，堯洪水之時，草木暢茂，益焚山澤以驅禽獸。而據此則言水患退而後，草木始遂其生，何也？蓋此記下濕之地，而孟子則言丘山之高，民被害欲居之，而禽獸逼人，則益不得不焚之耳。地有高下之不同，故二書之所言各異，苟非窮經未免致疑於此矣。

厥土惟塗泥，厥田惟下下，厥賦下上上錯，

張氏曰：土惟塗泥，謂卑濕也，故田第九，賦第七。水患既退，種植既稀，地理增美，故雜出第六之賦。不計利害惟使民自貢，不立定賦必其上貢，此所以爲堯耳。

厥貢惟金三品。

孔氏曰：三品，金、銀、銅也。

鄭氏曰：金三品者，銅三色也。

林氏曰：三品者，金、銀、銅也。鄭氏爲銅三色者，非也。

瑶、琨、篠、簜，

孔氏曰：瑶、琨，皆美玉。

唐孔氏曰：美石似玉者也。玉、石其質相類，美惡别名也。

王氏曰：美石次玉者也。

林氏曰：曾氏曰：「《周禮》太宰之職『享先王則贊玉爵』；内宰之職『后祼獻則贊瑶爵』。《禮記》：『尸飲五，君洗玉爵，獻卿。尸飲七，以瑶爵獻大夫。』《公劉》之詩曰：『何以舟之，維玉及瑶。』則知瑶者，玉之次也。」此説是也。琨，按《説文》：「石之美者似玉。」則琨次於瑶可見。

曾氏曰：按，《儀禮》：樂人宿縣，簜在建鼓之間。説者以簜爲笙簫之屬。

齒、革、羽、毛惟木。

孔氏曰：齒，象牙。革，犀皮。羽，鳥羽。毛，旄牛尾。木，楩、柟〔一〕、豫章。

〔一〕「柟」，宋魏縣尉宅刻本《附釋文尚書注疏》及宋兩浙東路茶鹽司刻本《尚書正義》孔安國傳作「梓」。

唐孔氏曰：《詩》云：「元龜象齒。」《考工記》：「犀甲七屬，兕甲六屬。」宣二年《左傳》云：「犀兕尚多，棄甲則那？」是甲之所用，犀革爲上。《説文》云：「羽，鳥長毛也。」南方之鳥，孔雀翡翠之屬，其羽可以爲飾，故貢之也。《説文》云：「犛，西南夷長旄牛也〔一〕。」此犛牛之尾可爲旌旗之飾，經傳通謂之旄。《牧誓》云：「右秉白旄。」《詩》云：「建旐設旄。」皆此牛之尾。直言惟木，不言木名，故言楩、柟〔二〕、豫章，三者皆是揚州美木，故傳舉以言之。所貢之木不止於此。

林氏曰：齒、革、羽、毛，皆是鳥獸之屬，可以供器用之飾者。木亦不必指是楩、柟、豫章。謂凡木之貢，皆出於此州也。

島夷卉服。

孔氏曰：南海島夷，草服葛越。

〔一〕「長旄牛」，四庫本原作「長旄毛」，今據墨海本、宋魏縣尉宅刻本《附釋文尚書注疏》及《説文解字》改。

〔二〕「柟」，宋魏縣尉宅刻本《附釋文尚書注疏》及宋兩浙東路茶鹽司刻本《尚書正義》作「梓」。

唐孔氏曰：海曲謂之島。卉服，草服、葛服也。葛越，南方布名，用葛爲之。冀州云「島夷皮服」，是夷自服皮，皮非所貢也。此言「島夷卉服」，亦非所貢也，此與「萊夷作牧」並在貢篚之間，古史立文不次也。

鄭氏曰：此州下濕，故衣草服，貢其服者，以給天子之官。

張氏曰：冀州島夷以皮爲服，揚州島夷以卉爲服，皆自其土地所出而用。

林氏曰：按，此文在於「厥貢」之下，「厥篚」之上，則其爲島夷之貢卉服者明矣。服既爲貢，則與冀州皮服從而可知也。

厥篚織貝〔一〕。

孔氏曰：織〔二〕，細紵。貝，水物。

〔一〕「織貝」，四庫本原作「纖貝」，據宋魏縣尉宅刻本《附釋文尚書注疏》及宋兩浙東路茶鹽司刻本《尚書正義》之《禹貢》經文改。

〔二〕「織」，四庫本原作「纖」，據宋魏縣尉宅刻本《附釋文尚書注疏》及宋兩浙東路茶鹽司刻本《尚書正義》孔穎達正義改。

唐孔氏曰：貝、織異物〔一〕。織是織而爲之〔二〕。貝有居陸居水，此州下濕〔三〕，故云水物。

鄭氏曰：貝，錦名。

張氏曰：貝，木名也。至今南方採吉貝，織爲厚繒，可以禦寒，亦有冀州島夷以皮之制。

林氏曰：按，荆州云「厥篚玄纁璣組」，璣，不圓之珠也。故者以珠貝爲貨〔四〕，珠既入篚，則貝亦可以入篚矣。然而以織爲一物，則織之一字無所屬。經但曰織，

〔一〕「織異物」，四庫本原作「纖異物」，據宋魏縣尉宅刻本《附釋文尚書注疏》及宋兩浙東路茶鹽司刻本《尚書正義》孔穎達正義改。

〔二〕「織是織而爲之」，四庫本原作「纖是織而爲之」，據宋魏縣尉宅刻本《附釋文尚書注疏》及宋兩浙東路茶鹽司刻本《尚書正義》孔穎達正義改。

〔三〕「此州」，四庫本原作「此物」，據宋魏縣尉宅刻本《附釋文尚書注疏》及宋兩浙東路茶鹽司刻本《尚書正義》孔穎達正義改。

〔四〕「故」，毛氏汲古閣鈔本林氏《尚書全解》作「古」。

安知其爲細紵乎？鄭氏曰：「貝，錦名。凡爲織者，先染其絲乃織之，則成文矣。」此説是也。蘇氏曰：「南海島夷織草木爲服，如今吉貝木棉之類。」亦一説也。而其下文又曰「其文斑爛如貝」，亦以成是貝錦爲證。然今之吉貝木棉無有所謂斑斕如貝者，此説亦未敢從。

厥包橘、柚，錫貢。

孔氏曰：小曰橘，大曰柚。其所包裹而致者，錫命乃貢，言不常。

唐孔氏曰：橘、柚二果，其種本别。以實相比，則柚大橘小。此物必須裹送，以須之有時，故待錫命乃貢，言不常也。

王氏曰：橘與柚，錫其命而後貢之，不常入，當繼荆州之無也。

張氏曰：小曰橘，大曰柚，揚州所有也。至今此物永嘉江西爲多。第至於致遠，故貢篚之外，又有包焉。包所以封護其外，使未遽失土性也。此橘柚必錫命而後貢也。

顔氏曰：柚似橘而大，其味酸。橘、柚不耐寒，故包裹而貢。錫貢者，待錫命而後貢，非金三品、齒革之類爲每歲常貢。

〇島夷，指東南之夷也。橘、柚錫貢於夷，則今永嘉之地，其爲夷也必矣。

沿于江海，達于淮、泗。

孔氏曰：順流而下曰沿，沿江入海，自海入淮，自淮入泗。

林氏曰：禹之時，江未有入淮之道。自揚州入於帝都，則必由江而入海，然後入於淮、泗。至吴王夫差掘溝通水，與晉會於黄池，然後江、淮始通。若禹之時，則未有此道也。而孟子曰「禹疏九河，瀹濟漯而注之海，決汝漢排淮泗而注之江」，此蓋誤指吴王夫差所通之水以爲禹迹，其實非也。使禹時江已與淮通，則何須自江而入海、自海而入淮，爲是之迂迴也哉？

程氏曰：泗之北、濟之南有菏水者，自定陶而下，經昌邑、金鄉、東緡、魚臺四邑，而與泗水合。是水也，班固以爲河水，許叔重以爲菏水。菏、河古字應通，然後知徐貢之書達河也，非以越濟也，正因菏以達也。夫惟有菏以爲達濟之因，則江、海、淮、泗、菏、濟自南而北，交相灌注，水道既無闕絶，而經文書例已盡者，更不再書，通此經一律也。

〇孟子於《禹貢》之書，講之素矣。豈不知禹之時江無入淮之道乎？孟子去春秋之世近矣，又豈不知吴開邗溝，江始有通淮之道乎？然而曰禹「排淮泗而注之江」者，蓋淮之東大抵地平而多水，古溝洫法，江淮之所相通灌者非必一處，豈但邗溝之舊迹而已哉？林氏之説，未可爲通論。

荆在今襄州南漳〔一〕縣。**及衡**在今潭州衡山縣。**陽惟荆州**。

孔氏曰：北據荆山，南及衡山之陽。

唐孔氏曰：此州北界至荆山之北，故言據也。南及衡山之陽，其境過衡山也。以衡是大山，其南無復有名山大川可以爲記，故言陽，見其南至山南也。

杜氏曰：荆，警也。或取名於荆山焉。

李氏曰：荆州其氣燥剛，禀性彊梁，故曰荆。荆，彊也。

〔一〕「南漳」，底本原作「南鄣」，據叢書集成本、墨海本改。按，《宋史·地理志》正作「南漳」。

曾氏曰：臨沮之荆，其陰爲豫州，其陽爲荆州。

林氏曰：孔氏曰「北據荆山，南及衡山之陽」者，蓋以「衡爲大山，其南無復有名山大川可以爲記」，故謂南及衡山之陽。然謂「北據荆山」則不可，先儒以爲據者，皆跨而越之也，若兖州東南距濟，是越濟而東南也；青州曰東北據海，是越海而東北也；此州與豫州、荆山爲界，荆山之北則豫州也，安得跨而越之哉？故謂之「北距荆山」則可，謂之「據」則不可。

〇曰「荆及衡陽」，則陽字上該「荆」矣，如必曰荆陽及衡陽惟荆州，此成何等文義？曾、林二公之説，足以証孔氏之誤，非深於經文不能也。

江、漢朝宗于海。

孔氏曰：二水經此州而入海，有似於百川以海爲宗[一]。宗，尊也。

唐孔氏曰：《詩》云：「沔彼流水，朝宗于海。」毛傳云：「水猶有所朝宗。」

〔一〕「有似於」下，宋魏縣尉宅刻本《附釋文尚書注疏》及宋兩浙東路茶鹽司刻本《尚書正義》有「朝」字。

朝宗是假人事而言水也。《老子》云：「滄海所以能爲百谷王者，以其下之。」是百川以海爲宗。

鄭氏曰：江水、漢水，其流遄疾，又合爲一，共赴海也，猶諸侯之同心尊天子而朝事之。

張氏曰：如鄭氏所云，則止爲荆楚言爾，所示不廣。

林氏曰：孟子曰「禹之治水也，以四海爲壑」，白圭以鄰國爲壑。彼禹之治荆州之水，欲使荆州之民免於江漢之患，而乃決之於揚州，則是以鄰國爲壑矣。惟施功也，雖導江漢之水於荆州，然必使之朝宗於海，而揚州之民亦免於昏墊之患，此其所謂以四海爲壑也。

〇二水在此州合流，而趨下之勢由是而愈順。東望滄溟，有朝宗之象，苟不於此州記，則揚州正其入海之地，不必記矣。

九江孔殷， 在今岳州巴陵縣，即洞庭湖。

孔氏曰：江於此州界分爲九道，甚得地勢之中。〔一〕

唐孔氏曰：江以南，水無大小，俗人皆呼爲江，或從江分出，或從外合來。

劉氏曰：湖漢九水入于彭蠡，是爲九江。

桑氏曰：九江地在長沙下雋縣西北。下雋，即岳州巴陵縣地也。

晁氏曰：洞庭，九江也。

林氏曰：九江之名與其地，世代久遠，不可强通。然各自别源而下流入江，此則可以意曉也。

程氏曰：九河言播而江不言，則江不爲九江甚明也。然其所以名九，當時必有所因，不容鑿爲之説。若其地且據漢世所傳，謂在尋陽者爲正，蓋不敢於去古既遠之世，創爲臆説，以破近古者之傳也。

〔一〕「甚得地勢之中」句下，有四庫館臣原注：「按，以上至『九河既道』程氏説，刻本所闕，今從《永樂大典》補入。」

葉氏曰：江出岷山，漢出嶓冢，皆在梁，去海甚遠。江東至陵，始迤爲中江，漢至大别始南，爲北江。漢匯澤爲彭蠡，而江會于，匯二水合于一，而後入海，則導江非至東陵，導漢非至大别，皆無入海之勢。故二水雖發源在梁，入海在揚，而勢可使自是匯而入海，順從而不違者，東陵、大别之間也，故言朝宗乎海。「九江」說者以爲洞庭在不尋陽〔一〕，是矣。九江，荆之舊江也。江漢有朝宗之勢，則自澧而過，至于東陵，其流雖大而無所壅遏，故九江不失其舊，而甚中也。殷，中也。甚中者，宜過中而反不失中之辭也。

張氏曰：水患既去，九江之水皆循故道，甚得地勢之中，不復泛濫爲害也。

〇自夫彭蠡既豬於揚州，而江漢於此乃得安會順趨，以達于海。而其上合流之西有九江者，於是亦從而孔殷焉。沱潛也，雲夢也，皆由此而治也。是皆禹之導水，自下而上，而彭蠡者荆、揚腹心之疾也，先有以治之，而二州之水害去矣。說者惟不識此故，不求九江於江漢合流之上，而求之於合流之下，此說之所以紛紛而

〔一〕「在不」，疑爲「不在」之誤倒。

終莫可信執也。胡不玩經文而思之乎？胡不以江、漢、九江、沱、潛、雲夢次比其地勢而觀之乎？始余讀衆説，無一當余心者，及以葉氏之論詳之，然後知余每論大禹治水之規畫，頗有可信者。九江不必求其有九，然後爲是。如太湖一湖而得名五湖，昭餘祁一澤而得名九澤，皆不可以數求也。今之洞庭，當是堯、禹之時名爲九江，無足疑者。不然，則澧之下、東陵之上有水大如洞庭而爲江所過者，禹顧不書，何邪？

沱潛既道，沱出今江陵石首縣，潛當在江陵潛江縣。

孔氏曰：沱，江别名。潛，水名。皆復其故道。

唐孔氏曰：《釋水》云：「水自江出爲沱，漢出爲潛。」而孔梁州注云：「沱、潛發源此州，入荆州。」以二州沱、潛爲一者。蓋以水從江、漢出者，皆曰沱、潛。但地勢西高東下，雖於梁州合流，還從荆州分出，猶如濟水入河，還從河出。

班氏曰：江沱出南郡枝江縣西，東入江。枝江，唐隸江陵府，熙寧六年省入松滋縣爲鎮。

鄭氏曰：枝江之沱，尾入江耳。首不於江出也。華容有夏水，首出江尾入沔，蓋此所謂沱也。潛則未聞象類。按，《通典》：江陵石首縣，即漢華容縣也，在府東南二百里。縣治正臨大江之南。《地理志》云：「夏水受江入沔，行五百里。」

蘇氏曰：枝江沱水，華容夏水，此荆州之沱、潛也。郫縣沱水、安陽潛水，此梁州之沱、潛也。以安國、穎達之言考之，味别之説，古人蓋知之久矣。梁州、荆州相去數千里，非以味别，安知其合而復出邪？

林氏曰：據《爾雅》之言，是凡水之出於江、漢者，皆有此名也。出於荆者，荆之沱、潛也。出於梁者，梁之沱、潛也。要之皆是自江漢而出，不必有合流味别之説。

程氏曰：水自河出爲灉，故究有灉沮之灉，而後世亦以宋水之受汳者爲灉，不限一水也。江有沱之詩，始曰沱，中曰汜，終曰渚。三者展轉變稱，皆取聲協，亦可以見其不主一地、不專一名也。是皆可以類推者也，然則凡水之出江、漢，皆可名以沱、潛，則沱、潛云者，乃從江、漢下流得名耳。荆貢自漢陽以上，浮漢支水皆爲潛，浮江支水皆爲沱。

○鄭氏不以枝江沱水爲此之沱，以其非從江出故也。而東坡指以爲是，蓋亦姑從《漢志》云耳。余考枝江之地，隸今松滋，松滋在江陵西南，亦安知枝江之水不于江出而復入江邪？至若鄭氏以夏水爲沱，而東坡則指以爲潛，此東坡之疏耳。何者？夏水首受江於華容之境，行五百里東入沔，此正合《爾雅》江出爲沱之説，而東坡以爲潛，非也。然則潛不可得而知歟？國初乾德中以漢江陵縣地置潛江縣，在荆南東北百有餘里，或者水有自漢而來，名之曰潛，故縣因以名歟？程氏求沱、潛於漢陽而上之地，得之矣。

雲土夢作乂。 雲在安州安陸，夢在江陵石首。

孔氏曰：雲夢之澤在江南。其中有平土丘，水去可爲耕作畎畝之治。

唐孔氏曰：昭三年《左傳》云：「楚子與鄭伯田于江南之夢。」定四年《左傳》云：「楚昭王寢於雲中。」則此澤亦得單稱雲、單稱夢，《經》之「土」字在二字之間，蓋史文兼上下也。《地理志》：「華容縣南有雲夢澤。」杜預云：「枝江縣西有雲夢城，江夏安陸縣亦有雲夢。」安陸，今隸安州。或曰華容，東南有巴丘湖。」江南之夢，雲夢一澤而每處有名者，相如《子虛賦》云：「雲夢者，方八九百里。」則此澤跨江南北，每處名存焉。

小司馬氏曰：雲、夢本二澤名，蓋人以二澤相近，或合稱雲夢耳。《左傳》云：「昭王寢於雲中。」又：「楚子、鄭伯田于江南之夢。」則是二澤各別也。

蘇氏曰：據《春秋傳》所載，則雲與夢二土名也，而云「雲土夢」者，古語如此，猶曰「玄纖縞」云爾。

王氏曰：雲之地，土見而已。夢之地，則非特土見而已，草木生之矣。非特草木生之而已，人有加功乂之者矣。

〇在安陸者，雲也。在漢之東，在華容者，夢也。在江之南，二澤夾江漢於其中，而各自鍾水於江漢之外者也。後世以其地望相近，故總稱雲夢焉耳。考此，又以知經云「沱潛既道」，「雲土夢作乂」者，以江、漢支流俱治而其傍之澤無復泛溢之患也。雲土者，言濱雲之土復其舊也。夢作乂者，言濱夢之人皆作乂也。此則上下互見其義。

厥土惟塗泥，厥田惟下中，厥賦上下。

孔氏曰：田第八，賦第三，人功修。

林氏曰：此州之土雖同揚州之塗泥，然其地稍高，故其田加於揚州一等。

厥貢羽、毛、齒、革，惟金三品。

孔氏曰：土所出與揚州同。

唐孔氏曰：揚州先齒、革，此州先羽、毛者，蓋以善者爲先。由此言之，諸州貢物多種，其次第皆以當州貴者爲先也。

林氏曰：按，《職方氏》「揚州其利金錫，荆州其利齒革」。則是二州之所産，不無優劣可見矣。

張氏曰：徐州浮磬先於蠙珠，豈可謂珠不如石乎？梁州鐵先於銀，豈可謂銀不如鐵乎？穎達之説過矣，此當以文體爲言。

〇所出適饒於此而且善，故先之，非以二物之貴賤等輕重也。張氏之辯雖巧而實非。

朱類也。

杶、榦、栝、柏，礪、砥、砮、丹，

孔氏曰：榦，柘也。柏葉松身曰栝。砥細於礪，皆磨石也。砮，石中矢鏃。丹，朱類也。

唐孔氏曰：《考工記》云，弓人「取榦之道」也，以柘爲上。《釋木》云：「栝，柏葉松身。」陸機《毛詩義疏》云：「杶、㯶、栲、漆，相似如一。」杶、栝、柏皆木名也，以其所施多矣。柘木惟用爲弓榦，弓榦莫若柘木，故舉其用也。砥以細密爲名，礪以麤糲爲稱。鄭云：「礪，磨刀刃石也。精者曰砥。」《魯語》曰：「肅慎氏貢楛矢、石砮。」賈逵云：「砮，矢鏃之石也。」丹者，丹砂。王肅云：「丹可以爲采。」

顏氏曰：丹，赤石也，所謂丹砂者也。

曾氏曰：揚州貢木，不言其名，所貢之木不可勝言也。此州曰杶、榦、栝、柏，其所貢者，止此而已。

張氏曰：今辰溪丹砂，醫方所貴，正荆州分域也。

惟箘、簵、楛，三邦厎貢，厥名。

孔氏曰：箘、簵，美竹。楛，中矢榦。三物皆出雲夢之澤。近澤三國常致貢之，其名天下稱善。

陸氏曰：韋昭云：「箘，一名聆風也。」馬云：「楛，木名，可以爲箭。」《毛詩草木疏》云：「葉如荆，而赤莖似蓍。」

唐孔氏曰：鄭云：「箘、簵，聆風也。」竹有二名，或大小異也。箘、簵是兩種竹也[一]。傳言三物皆出雲夢之澤，當時驗之猶然。

顏氏曰：箘、簵，竹名；楛，木名。皆可爲矢。

蘇氏曰：三邦，大國、次國、小國也。「杶榦栝柏，礪砥砮丹」，與「箘簵楛」皆物之重者。荆州去冀最遠，而江無達河之道，難以必致重物，故使此州之國不以大小，但致貢其名數，而準其物，易以輕資，致之京師，重勞人也。

[一]「竹」，底本原作「行」，據經解本、四庫本及宋魏縣尉宅刻本《附釋文尚書注疏》、宋兩浙東路茶鹽司刻本《尚書正義》孔穎達正義改。

張氏曰：三物貢其尤美者。厥名，猶言尤美也。

林氏曰：《考工記》云：「材之美者，有妢胡之笴。」鄭云：「妢胡，胡子之國在楚旁。」意者即三邦之故地歟？

吕氏曰：凡杶榦及栝十物，非朝廷所常用，必使之貢則勞民，不使之貢則有用而或闕，故惟使貢其名。名者，列其條目而貢之也。見聖人處事之精審如此。

包，匭菁、茅。

孔氏曰：包，橘柚。匭，匣也。菁以爲菹，茅以縮酒。

唐孔氏曰：《周禮·醢人》有「菁菹鹿臡」，鄭云：「菁，蔓青也。」蔓青處處皆有，而令此州貢者，蓋以其味善也。僖四年《左傳》齊桓公責楚云：「爾貢包茅不入，王祭不供，無以縮酒。」《周禮·甸師》云「祭祀共蕭茅」，鄭興云：「蕭字或爲茜，茜讀爲縮。」束茅立之，祭前沃酒其上，酒滲下去，若神飲之，故謂之縮。

鄭氏曰：菁、茅一物也。匭，猶纏結也。菁茅，茅之有毛刺者，重之，故既包裹而又纏結也。

王氏曰：包匭，茅菁者包且匭也。物或篚或包，至菁茅則包且匭者，正以供祭祀，故嚴之也。

張氏曰：安國謂匭爲匣，而礙於包，故以包爲橘柚。康成以包爲裹，而礙於匭，故謂匭猶纏結。余謂二物雖微，專以供祭祀而非他用，豈可不謹哉？故以匭藏菁茅矣，又以帕複包匭而致嚴也。學欲通古今，不因見今日之用帕複包盤杅之屬〔一〕，則包匭之説，終爲孔、鄭所惑矣。

厥篚玄纁、璣組。

孔氏曰：此州染玄纁色善，故貢之。璣，珠類，生於水。組，綬類。

唐孔氏曰：《釋器》云：「三染謂之纁。」李巡云：「三染其色已成爲絳。纁、絳一名也。」《説文》云：「璣，珠不圓者。」《玉藻》説佩玉所懸者，皆云組綬，是組、綬相類之物也。

〔一〕「帕複」，底本原作「複帕」，今據上文及文義乙正。

張氏曰：組，此州所善織紝者。

九江納錫大龜。

孔氏曰：尺二寸曰大龜，出於九江水中。龜不常用，錫命而納之。

唐孔氏曰：《史記·龜策傳》云：「龜千載滿尺二寸。」《漢書·食貨志》云：「元龜距冉長尺二寸。」孟康注云：「冉，龜甲緣也。距，至也。度背兩邊緣尺二寸也。」

杜氏曰：蘄州廣濟縣蔡山出大龜。《書》云「九江納錫」即此。

〇杜氏亦附會漢儒九江之説耳，要禹時大龜，不必蔡山者是。

薛氏曰：大龜，國之所寳，其得不可以爲常貢，又不可錫命使貢。惟使有之則納錫於上。先儒多以爲錫命乃貢此，則何以異於錫貢哉？

浮于江、沱、潛、漢，逾于洛，至于南河。

孔氏曰：逾，越也。河在冀州南，東流，故越洛而至南河。

葉氏曰：江、沱、潛、漢與河皆不通，故必陸逾于洛，而後至于南河。

曾氏曰：自漢而逾洛。

張氏曰：順流而下曰浮。自荆州順江流以入沱，自沱順流以入潛，自潛順流以入漢，至漢則捨舟陸行以入洛，自洛以入于南河。

程氏曰：荆之貢，不徑浮江漢而兼用沱潛者，隨其貢物所出之便，或由正逕，或循枝派，期便於事而已也。遡漢之極，無水可浮，則陸行至洛，以期達河，故曰「浮于江、沱、潛、漢，逾于洛，至于南河」也。

○自孔安國有「順流曰浮」之説，學者多信之，而余竊有甚疑者。豫貢浮于洛，達于河，順流也；雍貢浮于積石，至于龍門西河，亦順流也，而濟、漯受河而東流，兖貢浮濟、漯以達于河，果爲順流乎？泗水東流入淮，徐貢曰淮以浮泗，自泗以達河，果爲順流乎？況荆貢所謂浮于江、沱、潛、漢，正如程氏各隨其便之説，而逾洛則是遡漢而上，無水可以通河，故捨舟陸行以入洛，由洛以至于河耳，又安可謂浮漢爲順流乎？浮也者，舟行水上之謂。安國不究經始末，而輕爲之解。學如無垢，亦爲所誤，信哉！程氏用功於《禹貢》也深，而曰者，余之所疑亦因是而判然矣。

荆、河惟豫州。

孔氏曰：西南至荆山，北距河水。

李氏曰：河南其氣安舒，厥性寬豫，故曰豫。豫，舒也。

杜氏曰：豫在九州之中，言常安逸也。又云，豫者舒也，言禀中和之氣，性理安舒也。

蘇氏曰：自北條荆山至于河爲豫州。北條荆山至河甚近，當是跨荆而南，猶「濟河惟兖州」也。

林氏曰：蘇氏之意，蓋謂荆州之言荆者，南荆也；豫州之言荆者，北荆也。雖以此二山分配二州，然以地理考之，其實不然。北荆與河相去不甚遠，苟以荆山爲北荆之荆，則豫州之境不應如是之狹也。曾氏曰：「臨沮之荆，其陰爲豫州，其陽爲荆州。」此説是也。

伊、出今虢州盧氏縣熊耳山東，北入洛。**洛、瀍、**出今西京河南縣穀城山東，南入洛。**澗，**出今西京新安縣，東南入洛。**既入于河。**

孔氏曰：伊出陸渾山，洛出上洛山，澗出沔池山，瀍出河南北山。四水合流而入河。

唐孔氏曰：《志》云：「伊水出盧氏縣東熊耳山。」傳云「陸渾山」者，熊耳山在陸渾縣。唐先天元年，割陸渾[一]，置伊陽，伊陽今隸西京。《志》云：「洛水出上洛縣冢領山。」傳云「上洛山」者，冢領山在上洛縣境之内。上洛今隸商州。《志》云：「瀍水出穀城縣潛亭北。」傳云「河南北山」者，穀城潛亭北即是河南境内之北山也。《通典》：洛州河南縣有穀城山，瀍水所出。古穀城在縣西北。《後漢志》引《博物記》曰：「瀍水出潛亭山。」《志》云：「澗出新安縣。」傳云「沔池山」者，沔池在新安縣西也。《志》詳而傳略，所據小異耳。澠池今隸西京。伊、瀍、澗三水入洛，合流而入河，言其不復爲害也。

林氏曰：據伊、瀍、澗入于洛，而洛入于河，此言伊、洛、瀍、澗，則以四水

[一]「陸渾」，底本原作「陸鄆」，據四庫本及《新唐書·地理志》改。按，《新唐書·地理志》：「伊陽，畿。先天元年析陸渾置。」（中華書局，一九七五年版）

列言者。曾氏曰：「漢水入于江，以入海，而荆州言江漢朝宗于海，與此同意，蓋其水之大小相敵也。」

〇下文導洛言「東北會于澗、瀍，又東會于伊」，此序水之次第，自上而及下也。此言伊、洛、瀍、澗乃治水之先後，自下而及上也。曾、林二公不知察此，而求爲小大相敵之説。夫三水入洛，而洛得兼三水而爲大，顧謂之相敵，可乎？不然，則禹數九川，洛與其一，奚爲而三者不言也？

滎波在今鄭州滎澤縣。**既豬，導菏澤，**在今曹州定陶縣界。**被孟豬。**在今南京宋城縣。

孔氏曰：滎澤波水，已成遏豬。菏澤在胡陵。孟豬，澤名，在菏東北，水流溢覆被之。

唐孔氏曰：《地理志》：「山陽郡有胡陵縣。」章帝更名湖陸，至晉不改，其後不知廢於何時。不言其縣有菏澤也。又云：「菏澤在濟陰定陶縣東，孟豬在梁國睢陽縣東北。」以今地驗之，則胡陵在睢陽之東，定陶在睢陽之北，其水皆不流溢，東北被孟豬也。然郡縣之名隨代變易，古之胡陵當在睢陽之西北，故得東出被孟豬也。於此作「孟豬」，《左傳》《爾雅》作「孟諸」，《周禮》作「望諸」，聲轉字異，正是一道也。〇許氏《説文》云：「菏水出山陽胡陵南。」正與孔傳同。而班固以爲在定陶，何也？蓋在定陶者，其澤也；在胡陵者，其流也。其流東與泗合，正在今單州之魚臺。魚臺在單之東北百里而近，正古胡陵地也。而孟豬在睢陽東北，則所謂被孟豬者，導菏流之在定陶魚臺間者，以被之於南也。安國惟説菏之源委不明，且誤言孟豬在菏東北，是以致穎達疑甚，而有古胡陵當在睢陽西北之説。余不極力窮之，終爲二公所惑，而況能明禹迹始終、經畫之妙邪？

顏氏曰：言治菏澤之水，衍溢則使被及孟豬，不常入也。

葉氏曰：孟豬、菏澤，其相去遠。被，及也，猶言西被于流沙者。導菏澤被孟豬，言水僅相及，而孟豬之蓄不以菏澤也。

林氏曰：《職方氏》曰：「其川滎、雒，其浸波溠。」鄭云：「滎，沇水也。波讀曰播。」《禹貢》曰：「滎播既豬。」顏氏曰：「波亦水名。」曾氏曰：「《爾雅》云水自洛出爲波，觀此諸説，則滎、波之爲二水明矣。」

〇唐孔氏曰：「洪水之時，滎澤水大，動成波浪。」今時已成遏豬，則是言滎波爲一水也。顔師古雖言「波亦水名」，又言「一説謂滎水之波」，則姑存兩説而不敢斷也。林氏專主《職方》所記，以爲當是二水，固不爲無據之説，然以余考之，上文言導洛，此則專主導濟而言，不當又泛言洛之支水。《職方》所記山川，非治水次第，不必泥也。雖然，導水之法大抵自下而上，至此則先言伊、洛、瀍、澗之入河，而後次及於滎、菏，何也？蓋洛、濟入河處不甚相遠，平時洛併諸水之力，附河而下濟，猶有所不堪，而況其横流浩蕩之時，滎澤所承，其有不爲害之慘乎？禹謀度之先，皆灼知此利病，故其經始河患，施瀹濟之功，必先疏四水以循故道，而滎波固可豬矣。滎波既豬，則菏澤固可無患，而猶導其流以被孟豬者，所以殺其餘溢而亦預爲他日洩水之地也。反覆參究，禹之規畫如在吾目，吾殆不知手之舞之足之蹈之也。

厥土惟壤，下土墳壚。

孔氏曰：高者壤，下者壚。壚，疏。

許氏曰：壚，黑剛土也。

唐孔氏曰：直言壤，不言其色，蓋州内之土不純一色，故不復得言色也。

厥田惟中上，厥賦錯上中。

孔氏曰：田第四，賦第二，又雜出第一。

〇壤者，和緩之謂也。墳者，不黏埴之謂也。此州兼有二土，田宜若最上，而止居第四者，以下土又有黑剛之處，非播種所宜故也。履歷農郊，利害在目，君子其可忽於此乎？

厥貢漆、枲、絺、紵，厥篚纖纊。錫貢磬錯。浮于洛，達于河。

孔氏曰：纊，細綿。治玉石曰錯。治磬曰錯。

唐孔氏曰：纖是細，故傳言細綿。

顔氏曰：紵，織紵爲布及練也。

王氏曰：磬、錯二物，不常貢，錫命乃貢。

張氏曰：揚州言「厥包橘柚錫貢」，荆州言「九江納錫大龜」，二州去冀都甚遠，其待錫命，則有説矣。豫州北近冀都，而磬錯亦以錫貢，聖賢之惜人力如此，則夫崇飾臺榭以爲遊觀，輦運土木以資妄費，皆聖賢所深惡矣，可不戒哉！

林氏曰：《職方氏》云「豫州其利漆枲」，則是漆枲之類，此州之所宜也。纖纊，諸儒皆以爲細綿，然爲二物亦未可知也。

華陽、黑水惟梁州。華山在今華州華陰縣。

孔氏曰：東據華山之南，西距黑水。

唐孔氏曰：《周禮·職方氏》：「豫州其山鎮曰華山。」在豫州界内。此梁州之境，東據華山之南，不得其山，故言陽也。此山之西，雍州之境也。

杜氏曰：以西方金剛，其氣强梁，故曰梁州。

曾氏曰：華山之陰爲雍州，其陽爲梁州。

岷、在今茂州汶山縣〔一〕。**嶓**在今秦州界。**既藝，沱、**在今彭州永昌縣界。**潛**此漢別出於嶓，東南至恭州巴縣入江。**既道，**

孔氏曰：岷山、嶓冢，皆山名。水去已可種藝。沱、潛發源此州，入荆州。

唐孔氏曰：漢制，縣有羌夷曰道。《地理志》云：「蜀郡有湔氐道，岷山在西徼外，江水所出也。隴西郡西縣嶓冢山西，漢水所出也。」沱出于江，潛出于漢，二水發源此州而入荆州，故荆州亦云沱、潛既道。

班氏曰：《禹貢》江沱在蜀郡郫縣西，東入大江。又曰江沱在蜀郡汶江縣西南，東入江。郫今隸成都府汶江，即今茂州汶川縣地。鬵谷水出漢中安陽縣西南，北入漢。《通典》云：金州安康縣，即漢安陽縣也。晉改安康，唐至德二年又改爲漢陰，今仍漢陰名。

鄭氏曰：郫之沱、安陽之潛，其尾入江、漢耳，首不於江、漢出。江源縣有鄗音壽。江〔二〕，首出江，按，《隋志》：後周改江原曰晉原。今隸蜀州。南至犍爲武陽縣，又

〔一〕「茂州汶山縣」，下文「班氏曰」中注文有作「茂州汶川縣」及後文有作「茂州汶川之境」者。

〔二〕「鄗江」，「江」字底本原闕，據經解本、四庫本補。

入江，豈沱之類歟？《通典》云：「眉州彭山縣，即武陽地也。」潛蓋漢西出嶓冢東南、至巴郡江州入江者。《通典》云：江州縣故城在渝州巴縣西。今渝州改爲恭州。

郭氏曰：沱水自蜀郡都水縣榆山，與江別而東流，又曰有水從漢中沔陽縣南流，沔陽，晉猶存，《九域志》興元古迹有沔陽城。至梓潼、漢壽入大穴中，通峒山下西南潛出，一名沔水，舊俗云即《禹貢》潛也。按，《晉志》云：劉備據蜀，改葭萌曰漢壽，西晉泰始三年又改漢壽爲晉壽，後孝武分梓潼北界立晉壽郡，統晉壽等縣。〔一〕按，《通典》：利州，晉屬晉壽郡，縣無晉壽而有葭萌，不知何時復此舊名。

林氏曰：沱在彭州唐昌縣。本朝開寶四年改爲永昌。又曰：沱在益州郫縣西。

小司馬氏曰：郫之沱、安陽之潛是也。

○以《漢志》《通典》考之，以地勢觀之，則是沱水別流於茂州汶川之境，逕彭州永昌，又逕成都郫界，復東入大江明矣。鄭氏謂在郫之沱首不出江，此蓋未嘗深

〔一〕按，《晉書·地理志》原文作：「劉備據蜀，又分廣漢之葭萌、涪城、梓潼、白水四縣，改葭萌曰漢壽……泰始三年，分益州，立梁州於漢中，改漢壽爲晉壽……後孝武分梓潼北界立晉壽郡，統晉壽、白水、邵歡、興安四县。」（中華書局，一九七四年版）

考源委曲折故也。若潛水，惟鄭氏所指西漢與經浮潛正合，請辯于後。葉氏曰：江、漢見於荆者，既朝宗于海，則已治矣，故於發源無所用力，特言岷、嶓既藝，則不特水治也。林氏曰：江、漢二水，發源此二山。當其泛溢悍怒而未有所歸，則其發源之山亦爲水所浸灌，而不得遂其播種之利，今既疏導以入于海，則岷、嶓二山所出之水皆順流而東，則此二山遂可種藝矣。○治江、漢之水，由東而西上，亦既極其源矣。而分派旁流者，又已俱治，則梁州之大功畢矣。萬世之下想象，禹之規畫，何其簡易精當如此也！

蔡蒙旅平，二山皆在雅州嚴道縣。**和夷厎績。**嚴道和川鎮即和夷之故地也。孔氏曰：蔡、蒙，二山名。祭山曰旅平[一]，言治功畢，和夷之地，致功可藝。

〔一〕「祭山」，底本原作「蔡山」，據四庫本及宋魏縣尉宅刻本《附釋文尚書注疏》、宋兩浙東路茶鹽司刻本《尚書正義》孔安國傳改。

唐孔氏曰：《地理志》云：「蒙山在蜀郡青衣縣。」應劭云：「順帝改曰漢嘉縣。」蔡山不知所在。和夷，平地之名。

鄭氏曰：蔡、蒙皆在漢嘉縣。

杜氏曰：雅州嚴道縣有蒙山，《禹貢》云「蔡蒙旅平」謂此也。漢嘉不知廢於何時，按，《晉志》：屬漢嘉郡，今雅州，晉漢嘉郡也。其地當在嚴道之境。

王氏存曰：雅州蒙頂山，即《書》蒙山也。

蘇氏曰：蒙山今曰蒙頂。和夷，西南夷名。

林氏曰：據《漢志》，青衣但有蒙山，無蔡山，不知鄭氏何所據，而知蔡山亦在漢嘉？當姑闕之。鄭氏謂，和爲夷所居之地，而曾氏本鄭説，以謂自嚴道而西，地名和川，夷人居之，今爲羈縻州者三十有七，則經所謂和夷者也。蘇氏亦以和夷爲西南夷名，若此諸説皆可信，今雅州猶有和川鎮，此即和夷之故地也。

〇和夷者，東近蒙、蔡之夷也。蔡、蒙旅平，則和夷厎績矣。此梁州西南最遠之地，言旅平於此，所以示告終也。

厥土青黎，厥田惟下上，厥賦下中三錯。

孔氏曰：色青黑而沃壤。田第七，賦第八，雜出第七、第九三等。

○愚謂差等之處有三：第六、第七、第九也，八不與其中。

唐孔氏曰：王肅云：「黎，小疏也。」

顏氏曰：色青而細疏。

曾氏曰：梁州山水俱多，故其賦比九州爲下等。

○獨言色之青黑，而不及其性，則非壤非墳，爲土之剛瘠可知矣。使其果爲沃壤如孔氏之説，則田宜上品，而顧乃止居下上，何邪？

厥貢璆、鐵、銀、鏤、砮、磬，

孔氏曰：璆，玉名。鏤，剛鐵。

唐孔氏曰：《釋器》云：「璆、琳，玉也。」郭璞云：「璆、琳，美玉之别名。」鏤者可以刻鏤，故爲剛鐵也。

曾氏曰：蜀郡卓氏，至以鐵冶富擬邦君，則梁州之利尤在於鐵，故言鐵先於銀也。

熊、羆、狐、貍織皮。西傾因桓是來，

孔氏曰：貢四獸之皮，織金罽。西傾，山名。桓水自西傾山南行，因桓水是來，浮于潛。

唐孔氏曰：與「織皮」連文，必不貢生獸，故傳云「貢四獸之皮」。《釋言》云：「氂，罽也。」舍人曰：「氂謂毛罽也。胡人績羊毛作衣。」織毛而言皮者，毛附於皮，故以皮表毛耳。《地理志》云：「西傾在隴西臨洮縣西南。」西傾在雍州，自西傾山南行，因桓水是來，浮於潛水也。《地理志》云：「桓水出蜀郡蜀山。西南行羌中，入南海。」則初發西傾未有水也，不知南行幾里得桓水也。

馬氏曰：治西傾山，因桓水是來，言無他道也。

酈氏曰：桓水出西傾山。

杜氏曰：西傾山在洮州西南吐谷渾界，桓水所出。

鄭氏曰：桓是隴阪之名，其道盤桓旋曲而上，故名之曰桓。

蘇氏曰：西傾，桓水出焉。桓入潛，潛入沔。

葉氏曰：雍言織皮，崐崘、析支、渠搜、西戎即叙，則織皮非中國之貢也。疑西傾即西戎之境，「熊羆狐貍織皮」文，當與「西傾因桓是來」相屬，謂此四獸之皮，西傾之戎因桓水而來貢也。

〇西傾，雍州之山也。西傾之戎，胡不浮積石至于龍門西河，而必道梁州之界，何也？因有桓水之便較積石爲近，故舍彼而從此焉耳。「是來」云者，是指梁州言也。酈、杜諸公皆言桓水出西傾，於經文爲順，而班固以爲出蜀郡之山，非也。

浮于潛，

〇水凡出於漢者，皆名潛，則《漢志》安陽、鬻谷之水，與郭氏所引沔陽南流之水，皆謂之潛可也。若此所浮之潛，則當以鄭氏所指漢西出者爲正。蓋主之以經文，參之以地理，則桓水自西傾來，東與之會者，惟以西漢水當之可也。苟舍是而他指於西漢之東，則桓水其能越西漢乎？

逾于沔，

孔氏曰：漢上曰沔。又曰：泉始出山爲漾水，東南流爲沔水，至漢中東行爲漢水。

班氏曰：「沮水出武都沮縣東狼谷山，今興州順政縣，漢沮縣之地也。南至沙羡南入江，羡音夷，漢屬江夏郡，即今鄂州江夏縣。過郡五，行四千里，荆州川。」其記《禹貢》養水則曰：「出隴西氐道縣，當在秦州之西。至武都爲漢。」今階州將利，漢武都地也。其武都縣注則曰：「東漢水受氐道水，一名沔，過江夏謂之夏水，入江。」其南郡華容縣注則又曰：「夏水首受江東，入沔，行五百里。」

應氏曰：沔水自漢別〔一〕，至南郡華容爲夏水，過江夏郡入江，故郡曰。江夏。

杜氏曰：沔水發源興利順政縣，一名沮水。又曰：沔州漢陽縣有漢水，一名沔

〔一〕「沔水自漢別」及下文《沔夏辯》傅氏引應劭「沔自漢別」，今本《漢書·地理志》引應劭注及宋魏縣尉宅刻本《附釋文尚書注疏》、宋兩浙東路茶鹽司刻本《尚書正義》於「嶓冢導漾東流爲漢」經文下孔穎達正義引應劭注均作「沔水自江別」，未知傅氏所據何本。

水。漢陽今爲軍。

鄭氏曰：「或謂漢爲沔。」

劉氏曰：《巴漢志》云：「漢水二源，出氐道之養山，名養。」《南都賦》注曰：「漢水源出隴西，經武都至武關山，歷南陽界，出沔口入江。」《巴漢志》曰：「西漢出隴西嶓冢山，會白水，經葭萌入江。」按，廣漢郡有白水縣，注云：「水出徼外，北入漢。」按，《通典》：利州景谷縣，漢白水縣也。今利州無景谷，但昭化有白水鎮，當是唐末五代廢入〔一〕。

桑氏曰：「漾水出隴西嶓冢山，東至武都沮縣爲漢。」又曰：「漢水東南過巴郡閬中縣。」今閬州。

酈氏曰：東西兩川，俱出嶓冢，同爲漢水，雖津流派別，枝渠勢縣，原始要終，潛流或一，故俱受漢漾之名。又曰：「東西兩川俱受沔漢之名。」

程氏曰：漾水不出西縣嶓冢山，却出武都沮縣東狼谷山，而東流入漢中。若以

〔一〕「唐末」，底本原作「唐朱」，四庫本、叢書集成本作「唐家」。據墨海本及文義改。

東狼谷山所出之水爲漢源，則東狼谷山當爲嶓冢矣。西漢，嘉陵江水也。自高祖置廣漢郡以後，人見嘉陵江來自興鳳，與漢中接境，又郡名廣漢，遂誤名嘉陵以爲漢水耳。

○東西漢水辨

班氏言：「漾水出隴西氐道。」而劉氏引《巴漢志》又言：「出氐道養山。」是皆水源實迹，而非鑿空遽爲之説也。今考氐道，地當在秦州之西。而嶓冢山者，養山以東之山也。漾水發源養山，而東逕嶓冢，其水别爲一流東南至江州入江者，即後世所謂西漢，而禹時所浮之潛也。以地勢考之，既會桓水爲順，而於經之浮潛又合，顧何必致疑於其間，而又泛求之他乎？學者如考經之詳，當自以余説爲當。

○漢沔辨

杜氏言：「沮縣東狼谷之沮，即沔水也。」沔出沮縣東狼谷，而漾出隴西氐道，則沔、漾之源，班氏固未嘗以爲一也。及記漾水至武都爲漢，則曰：「東漢水受氐道水，一名沔。」是漾至武都，去沔源爲近，雖其流未與漾合，而沔漢之稱，固已亂其真矣，況於下流既合，而顧孰辯沔、漢之異源邪？孔氏曰：「漢上曰沔。」鄭氏曰：「或謂漢爲沔。」皆傳文承襲之餘，而未嘗知源委曲折者也。至劉氏所引《巴漢志》，言西漢始源曰沔。酈氏言東西兩川俱受沔、漢之名，則又誤益誤，而不知質諸經者也。據經但言「嶓冢導漾，東流爲漢」，無「漢上曰沔」之語，雖曰「浮潛逾沔」，而「逾」之一字，與「自漢逾洛」同義。漢不通洛，則自潛逾沔之地亦非水道相貫，而所以至此，必捨舟陸行者，以潛入沔之處相遠，而於此而逾，非惟趨沔爲近，且入渭爲便，故貢道不得不然耳。學者苟能本諸經而參之史，且於地理之學不苟，則余之説焕然，而前人之述誤，可以挽漢川之水而一洗之矣，顧不快哉！

○沔夏辨

班氏曰：「沮至沙羨入江，沔過江夏入江。」似二委不同也。及余考沙羨之地，即今江夏縣也，是二委入江即漢水一派而已。班氏記漢、沔，既知異源，而至合流混名，不加考察，故又記其一委爲二，亦猶孔、鄭諸公以二源爲一也。大抵傳習之誤，如此者多，非旁參力究，詎能知始末曲折之當乎？雖然，自漢、沔之名雜，漢入江處曰沔口可也，而又有夏口之名，何邪？據《漢志》言，沔過江夏謂之夏水，而南郡華容有夏水，首受江，東入沔，行五百里，蓋由夏水至江夏界入沔，故沔遂得「夏水」之名，非華容夏水即沔也。沔既得名「夏水」，故沔口亦稱「夏口」云耳。彼應劭謂「沔自漢別，至南郡華容爲夏水」，此又謬傳之甚者也。《通典》江陵縣有夏水口，此受江之口耳。入江夏口在江夏縣界也。凡此學者亦當討論。

○嘉陵江辨

按，嘉陵江出鳳州大散關西南嘉陵谷，至興州北境，當會東漢水而東行，安得越東漢而爲西漢乎？夫自《漢志》言「漾水出氐道」，《巴漢志》又言「出氐道養山」，則是來自今秦州之西境，過階州將利之東、興州順政之西，迤邐東趨漢中者，是漢源流迹道之實也。彼嘉陵江來自大散西南，則不容不入東漢，而程氏指以爲漢人所謂西漢者，由其以東狼谷之沮爲東漢，則嘉陵源委固可爲西漢無礙也。大抵事之偏執至迷誤後學者，古今同一律耳，非極力稽證，其能得其真乎？

入于渭，亂于河。

孔氏曰：越沔而北入渭，浮東渡河而還帝都，白所治。正絶流曰亂。

唐孔氏曰：計沔在渭南五百餘里，故越沔陸行而北入渭，渭水入河，故浮渭而東，孫炎曰：「亂，横渡也。」

漢武帝時，人有上書欲通褒斜道《志》云：「斜水出扶風武功縣衙嶺山北，至郿入渭。褒水亦出衙嶺山，至南鄭入沔。」《通典》云：「漢中褒城縣有褒水、褒谷。」及漕事，下張湯。湯問之言：「抵蜀從故道，顔氏曰：「故道即今鳳州界也。」故道多阪，回遠。今穿褒斜道，少阪，近四百里；而褒水通沔，斜水通渭，皆可以行舡漕。漕從南陽上沔入褒，褒絶水至斜，間百餘里，以車轉，從斜下渭，如此漢中穀可致，而山東從沔無限，便於底柱之漕，且褒斜材木竹箭之饒，儗於巴蜀。」上以爲然，拜湯子卯爲漢中

守。發數萬人作褒斜道五百餘里，道果便近，而水多湍石不可漕。〔一〕

蘇氏曰：沔在梁州山南，而渭在雍州山北，沔無入渭之道。而漢人所言褒斜，此則自沔入渭之道也。然褒斜之間，絶水百餘里，故曰逾于沔。蓋禹時通謂褒爲沔也。

○據唐孔氏言，越沔陸行而北入渭，則是以漢爲即沔，自浮潛至沔，即捨舟陸行而北入渭也。然經言「浮于潛，逾于沔」，則是自潛逾沔，非謂自沔逾渭也。若以逾于沔爲逾于渭，則以逾于洛爲逾于河，可乎？蘇氏求褒斜之道，得之矣。然亦以漢爲即沔，以禹時通謂褒爲沔，而説逾之一字，與潁達無異，吾固質之經而莫敢信也。且以經而參之史，沔、漢本二源甚明，但不知沔東行幾百里入漢水耳。今而浮潛以至漢上去沔爲近，故捨舟陸行以入沔，而沔之相通者，又有褒焉。故自沔北入褒，又自褒逾斜而北達渭。然言入，不言達，以褒斜之間，絶水百餘里，又有如漢人所言故也。兼上文既言逾沔，亦所以該下而省文也。夫沔、褒既是水道，言沔不言褒可也；斜、渭既是水道，言渭不言斜可也。如其必欲言沔、渭之間，有褒、

〔一〕按，「漢武帝時……而水多湍石不可漕」，此段文字出自《史記·河渠書》，又「湯子卯」，疑當作「湯子印」。

斜絶水不通，則當曰「逾于沔，逾于渭」，古人之文豈如是其不簡直哉？學者試以予説思之，當亦見學經之不可苟，而有以發明先儒之所未能言者。顧豈好辯也乎？

黑水、西河惟雍州。

孔氏曰：西距黑水，東據河。龍門之河在冀州西。

唐孔氏曰：計雍州之境，被荒服之外，東不越河而西逾黑水。王肅云：「西據黑水[一]，東距西河。」所言得其實也。偏檢孔本，皆云「西距黑水，東據河」，必是誤也。又河在雍州之東，而謂之西河者，龍門之河在冀州西界，故謂之西河。《王制》云「自東河至於西河，千里而近」，是河相對而爲東西也。

李氏曰：河西其氣蔽壅，受性急凶，故云雍。雍，壅也。

杜氏曰：以其四出之地，故曰雍州。亦謂西北之位，陽所不及，陰所壅閉。

〔一〕「水」字，底本原脱，據四庫本及宋魏縣尉宅刻本《附釋文尚書注疏》、宋兩浙東路茶鹽司刻本《尚書正義》孔穎達正義補。

○凡釋九州之名者，皆因字生義云耳，未必得古人命名之實，不足信也。

弱水既西，來自雍州西北徼外。**涇屬渭汭，**

孔氏曰：導之西流，至於合黎。屬，逮也。水北曰汭，言治涇水入於渭。

唐孔氏曰：諸水言既導，此言既西，由地勢不同，導之使西流也。鄭云：「衆水皆東，此水獨西，故記其西下也。」屬，謂相連屬，故傳訓爲逮。逮，及也，言水相及。《毛詩傳》云：「汭，水涯也。」鄭云：「汭之言内也。」蓋以人皆南面望水，則北爲汭也，且涇水南入渭而名爲渭汭，知水北曰汭。

○弱水在雍境西北之極，與涇水邈不相及，而又中限以大河。禹所記若利害相關，何也？蓋方其洪水横流之時，弱亦東浸，會衆水而被於河，河不安而涇亦受其患矣。禹導河於冀、兖、豫之間，雍之上流固已厎定，而今其畢功於此，則必以導弱爲先者，以雍之爲害尤在於弱水故也。今既導之使西，以復其故道，則大河之西無泛濫之水，河安而涇亦安矣。不然，則於經文固未可通，而禹之規畫亦豈泛然無統要者乎？

漆沮既從，灃水攸同。

孔氏曰：漆沮之水已從入渭。灃水所同，同之於渭。

葉氏曰：灃在涇上，漆沮在涇下，今言涇而後漆沮，言漆沮而後灃者，漆沮既從而不違，則灃可與渭同入於河。灃以後成，用力宜差多，故《詩》獨言「灃水東注，維禹之績」也。

〇治弱水以及涇、漆、沮，雖自西而東，然涇、漆、沮治，而後治灃，則又自下而上也。禹之規畫非不定如此，度勢隨宜，行其所無事也。如河患在九河，疏其下則其上易爲力；江患在彭蠡，豬其上則其下無足憂，皆所以先後順理也。學者得余説而通之，然後可以觀《禹貢》。

荆、岐既旅，

孔氏曰：已旅祭，言治功畢。此荆在岐東，非荆州之荆。

唐孔氏曰：治水從下，自東而西，先荆後岐。

葉氏曰：治冀之初，固已自梁及岐，則荆州之旅久矣。言「終南、惇物，至于鳥鼠」者，自終南至鳥鼠〔一〕，皆刋旅也。

終南、在長安縣。**惇物，**在武功縣。**至于鳥鼠。**

孔氏曰：三山名，言相望。

唐孔氏曰：三山空舉山名，不言治，蒙上既旅之文也。

班氏曰：扶風武功縣：大壹山，古文以爲終南；垂山，古文以爲惇物，皆在縣東。按，《通典》：京兆長安縣有終南山，而班氏以爲即武功大壹山，當是唐以來其山屬長安。

林氏曰：九州之地，西北多山，東南多水。雍州在西北，故其山爲最多。揚州在東南，故其水爲最多。觀此篇之所載，可以見矣。秦都長安在雍州，所謂百二之險者，惟其山多故也。

○凡此下文所謂「導山」，《益稷篇》所謂「濬畎澮，距川」，是也。

〔一〕「南」字，底本原脱，據經解本、四庫本及《禹貢》經文補。

○按，荆在耀州，導荆則或導其水於河，或導之於漆沮也。岐在鳳翔，導岐則或導其水於涇，或導之於渭也。終南在長安，惇物在武功，此又或導於灃，或導於渭，各隨其利順焉耳。至於鳥鼠，則渭之發源是也。其上下左右之水皆導之以入渭，則又不言可知矣。禹記每州治水，山川表裏，交相發明；而導山導川，又叙其始末之詳於後，讀此書者，參會而觀之，其庶乎不爲童習之懵然，而發之文章言語間，當有意味。學者將皓首猶童習乎？抑將童習蚤爲之所乎？

原隰厎績，今邠州之地[一]。**至于豬野。**在今涼州。

孔氏曰：下濕曰隰。豬野，地名。言皆致功。

唐孔氏曰：鄭玄以爲《詩》云「度其隰原」[二]，即此原隰是也。原隰，豳地，

[一]「邠州」，底本、經解本、四庫本俱作「别州」，據墨海本及唐孔氏正義「原隰，豳地」改，邠州，古豳地也。

[二]「度其隰原」，底本原作「度其原隰」，據《詩經·大雅·公劉》經文及宋魏縣尉宅刻本《附釋文尚書注疏》、宋兩浙東路茶鹽司刻本《尚書正義》孔穎達正義改。

從此致功，西至豬野之澤也。

班氏曰：休屠澤在武威縣東北，古文以爲豬野澤。

杜氏曰：涼州姑臧縣有豬野澤。今爲化外地。

〇原隰至豬野，亦猶惇物至鳥鼠，雖其地相去甚遠，而當時施功由下而上者，不極其所當治不已也。大抵禹之治水，其大而要者既先導之，使有歸；小而涣散者，又各濬之，使有距。夫然後爲澤自爾豬，爲平地自爾安，而陂障修治之功易矣。原隰近涇、渭，豬野近河、弱。

三危既宅，三苗丕叙。

孔氏曰：西裔之山已可居，三苗之族大有次叙，美禹之功。

唐孔氏曰：禹治水未畢，已竄三苗。水災既除，彼得安定。

林氏曰：舜竄三苗之始，蓋在洪水未平之前。及乎洪水既平之後，三危之地既可安居，則三苗之族於是始得其叙。

〇按，經舜竄三苗，在受終之年。而唐孔氏諸公以爲受終之年，洪水已平。若受終之年洪水已平，則竄三苗在洪水已平之後，禹於此預記其丕叙，何邪？穎達爲今之説，正與經合，雖自背於前不覺也。三危既定，此治黑水之成功。

張氏曰：舜之遷逐四凶，終無疾惡之心。必欲使之大有次叙，安其居止，而無憂愁不聊之苦而後已，此聖人之心也。

東萊先生曰：三苗不道，竄於三危。自後世觀之，凡以罪流放者，聽其自殘自生，在所不恤。聖人之心不如此，方其有罪，必行竄棄；刑行之後，施仁發政，自當同及。故禹治水至三危，亦爲晝其居宅，其與漢文時所論《王制》不同。

厥土惟黄壤，厥田惟上上，厥賦中下。

孔氏曰：田第一，賦第六，人功少。

唐孔氏曰：此與荆州賦田、升降皆較六等。荆州升之極，故云「人功修」；此州降之極，故云「人功少」。其餘相較少者，從此可知也。《王制》曰：「凡居民量地以制邑，度地以居民，地、邑、民居必參相得也。」則民當相準，而得有人功修〔一〕、人功少者，記言初置邑者可以量之，而州境闊遠，民居先定，新遭洪水，存亡不同，故地勢有美惡，人功有多少。治水之後，即爲此差，在後隨人少多，必得更立其等，此非永定也。

林氏曰：凡天下之物，得其常性者最爲可貴。土色本黄，此州之土黄壤，故其田爲上上，而非餘州之所及也。

厥貢惟球、琳、琅、玕。

孔氏曰：球、琳，皆玉名。琅、玕，石而似珠。

浮于積石，至于龍門西河，會于渭汭。

孔氏曰：積石山在金城西南，河所經也。沿河順流而北，千里而東，千里而南。

〔一〕「人」字，底本原脱，據宋魏縣尉宅刻本《附釋文尚書注疏》及宋兩浙東路茶鹽司刻本《尚書正義》孔穎達正義補。

龍門山在河東之西界。逆流曰會。自渭北涯逆水西上。

唐孔氏曰：會，合也。人行逆流，而水相向，故逆流曰會。從河入渭，「自渭北涯逆水西上」，言禹白帝訖，從此而西上[二]，更入雍州界也。諸州之末惟言還都之道，此州事終，言發都更去，明諸州皆然也。

林氏曰：此州之達于帝都有二道：浮于積石，至于龍門西河者，一道也；自渭汭以達于河者，又一道也。渭汭之道亦厎龍門西河，故以會言之，非至于龍門西河乃始會于渭汭也。

程氏曰：雍之貢入有兩道：其北道，自後世朔方西涼浮河者，無所因於他州，故特記其詳曰「浮于積石，至于龍門西河」；其南道，自今陝西入河者，與梁之北貢所謂「浮渭入河」者同道，而可以會合積石之貢於河，故又因梁州前文而特致其略，止曰「會于渭汭」而已。其義例與梁荆一律也。

〔二〕「從此」底本原作「從北」，據宋魏縣尉宅刻本《附釋文尚書注疏》及宋兩浙東路茶鹽司刻本《尚書正義》孔穎達正義改。

○會言貢道之會，非會貢也。

織皮崐崘、析支、渠搜，西戎即叙。

孔氏曰：織皮，毛布。有此四國在荒服之外、流沙之内，羌髳之屬皆就次叙，美禹之功及戎狄也。

唐孔氏曰：四國皆衣皮毛，故以織皮冠之。四國：崐崘也，析支也，渠也，搜也。鄭氏曰：「衣皮之民，居此崐崘、析支、渠搜三山之野者，皆西戎也。」王肅云：「崐崘在臨羌西，析支在河關西。西戎，西域也。」王肅不言「渠搜」，鄭併「渠搜」爲一，孔傳不明。或亦以「渠搜」爲一，通西戎爲四也。

○按，陸氏引馬云：「崐崘在臨羌西，析支在河關西。」與王肅所言正合。臨羌、河關皆漢金城郡之縣也。陸氏又云：「《漢志》朔方郡有渠搜縣，《武紀》云北發渠搜是也。」然以余考之，漢朔方之渠搜，非此所謂渠搜。此亦當是金城以西之戎也，後世種落遷徙，故漢有居朔方者。若禹時渠搜居朔方，則不應浮積石。陸氏之説非也。

蘇氏曰：《禹貢》之所篚，皆在貢後立文，而青、徐、揚三州，皆萊夷、淮夷、島夷所篚。此云「織皮崐崘、析支、渠搜，西戎即叙」，大意與上三州無異。蓋言因西戎即叙，而後崐崘、析支、渠搜三國皆篚織皮，但古語有顛倒詳略耳。其文當在「厥貢惟璆琳琅玕」之下。其「浮于積石，至于龍門西河，會于渭汭」，當在「西戎即叙」之下，以記入河水道結雍州之末。簡編脱誤，不可不正。

○梁州言「熊羆、狐貍織皮」，此獨言「織皮」者，蒙上文也。此言「西戎即叙」，梁州止言西傾者，以下文該之也。

卷第二

導岍今隴州吴山縣吴嶽是。**及岐，**在今鳳翔岐山。**至于荆山。**在今耀州富平。

班氏曰：吴山在扶風汧縣西，古文以爲汧山。陸氏曰：「岍字又作汧。一名吴嶽。」《九域志》曰：「吴嶽頂有五峯。」按，後魏孝文於漢汧縣地置長蛇縣，唐貞觀九年更名吴山，今屬隴州。**北條荆山在馮翊懷德縣南**[一]。光武省懷德不知并入何縣。今按，《後漢志》荆山在雲陽，當是分其地入雲陽。《通典》曰：「晉移北地郡之富平縣於今京兆富平縣西角，懷德城有荆山。」按，《隋志》皆言荆山在京兆富平，夫西漢在懷德，東漢在雲陽，自晉以來則在富平，信土地分隸變遷不易稽考，今富平雲陽俱隸耀州。案，此條引班氏《地理志》，止及岍山、荆山，不及岐山者，蓋因已見「治梁及岐」條下也。

〔一〕「荆山」，四庫本原作「荆州」，據《漢書·地理志》「褱德，禹貢北條荆山在南」之文及前後文義改。

孔氏曰：更理説所治山川首尾所在，治山通水，故以山名之，三山皆在雍州。

唐孔氏曰：上文每州説治水登山，從下而上，州境隔絶，未得徑通。今更從上而下，條説所治之山，本以通水，舉其山相連屬，言此山之傍，所有水害皆訖也。因冀州在北，故自北始。從北「導岍」至「敷淺原」[一]，舊説以爲三條。《地理志》云：《禹貢》北條荆山，在馮翊懷德縣南；南條荆山，在南郡臨沮縣東北。是舊有三條之説也。故馬融、王肅皆爲三條，導岍北條，西傾中條，嶓冢南條。鄭玄以爲四列：導岍爲陰列，西傾爲次陰列，嶓冢[二]爲次陽列，岷山爲正陽列。鄭玄創爲此説，孔亦當爲三條也。岍與嶓冢言導，西傾不言導者，史文有詳略以可知，故省文也。

王氏曰：導山者，導山之澗谷而納之川也。

蘇氏曰：孔子叙《禹貢》曰「禹别九州，隨山濬川」，蓋言此書一篇而三致意

〔一〕「從北」，宋魏縣尉宅刻本《附釋文尚書注疏》及宋兩浙東路茶鹽司刻本《尚書正義》孔穎達正義作「從此」。

〔二〕「禹貢集解卷二」至此「嶓冢」間文字，底本闕頁，據四庫本補，且四庫本此「嶓冢」下有注文「案，以上刻本所闕，今從《永樂大典》本增入」。

也。既畢九州之事矣，則所謂隨山與濬川者，復申言之。隨山者，隨其地脉而究其終始也。何謂地脉？曰：地之有山，猶人之有脉也，有近而不相連者，有遠而相屬者，雖江河不能絶也。自秦蒙恬始言地脉，而班固、馬融、王肅治《尚書》，皆有三條之説。鄭玄則以爲四列。古之達者，已知此矣。北條之山，首起岍、岐而逾于河，以至太嶽，東盡碣石，以入于海，是河不能絶也。南條之山，自嶓冢、岷山至于衡山，過九江以至「敷淺原」，是江不能絶也。皆禹之言，卓然見於經者，非地脉而何？自此以下至「敷淺原」，皆隨山之事也。

葉氏曰：導山者，濬兩山之川，屬之大川，以同入于海者也。言導岍而不言導西傾，二山皆在雍，以岍見之也。言導嶓冢而不言導岷山，二山皆在梁，以嶓冢見之也。九州之山獨記雍、梁、荆、揚、豫、冀，而不及青、徐、兖三州者，蓋三州皆在東河之東，與四列不相通。青、徐之山惟岱，而兖無山。此三州之水惟河，則或不必隨山以爲治也。

林氏曰：此一段文義本甚明白，以先儒有三條、四列之説，必欲以衆山首尾相屬，故其説多牽强而不通。夫觀書者，必視其書之所由作，然後其義易曉。《禹貢》

之書本爲治水而作，其言所導之山，蓋主於「決懷襄之水」而爲言也。何取於山之條列哉？

張氏曰：山而謂之導者，以向者洪水滔天，首尾不辨。今水患既除，使山川復其本性，隨山之勢，窮極其首尾，以遂其風土之宜，此言導之意也。豈特導水云乎哉？○禹之言曰：「予決九川，距四海，濬畎澮。」距川是先大而後小也，至此則先言導山而後導川，又先小而後大。何也？蓋治水之法，由下而上，故其言先大而後小也。此則總論水之形勢脉絡，由上而下，故其言先小而後大也。或曰：自「導岍」以至「敷淺原」，皆以山爲言，不言水也，子以爲水獨何歟？曰：畎澮之水，不勝其記，故禹即山以表之，亦猶詩人言「信彼南山，維禹甸之」，託山以表田也。今圖岍岐等山及諸水以觀之，則凡畎澮距川，自可意見，若夫條列之說、地脉之說、決懷襄之說、遂風土之說，皆無足取也。

逾于河。

孔氏曰：此謂梁山龍門西河。

唐孔氏曰：逾于河，謂山逾之也。

張氏曰：北條荆山，首自岍、岐，東絶西河而北。雖河不能隔斷也。

吕氏曰：人逾，非山逾。

○非山逾，亦非人逾，禹所記之言然耳。蓋在河之西，導此等山；過河之東與北，則導彼等山。非導岐、荆既畢，而後始涉河以導壺口也。冀州既載壺口，治梁及岐，是治水越河而西，經文明甚，學者將信經文乎？將從臆説乎？

壺口、雷首，在今河中府河東縣。**至于太嶽。**

孔氏曰：三山在冀州。太嶽，上黨西。

班氏曰：雷首山在河東蒲坂縣南。《晉志》曰：「夷齊居其陽，所謂首陽山。」按，隋開皇十六年，析蒲坂置河東縣。大業初，併蒲坂入河東。

○壺口在汾之北，雷首在汾之南，而太嶽又在壺口之東北也。以形勢求之既背，以地理計之又遠，條列首尾之説，其可從乎？經凡言「至」者，非治此而後至彼也，亦所記之文然耳。若曰治汾之北則壺口，南則雷首，又壺口之東北亦至太嶽也。學者因余説而復經文，始知余之不妄。

厎柱、在今陝州陝縣河水中，屹立若柱然。**析城，**在今澤州陽城縣。**至于王屋。**在今孟州王屋縣。

孔氏曰：此三山在冀州南河之北，東行。

杜氏曰：陝州陝石縣有厎柱山，大唐正觀中，太宗巡幸，命魏徵勒銘，見存。本朝熙寧六年，省陝石縣爲鎮入陝。

班氏曰：析城山在河東濩澤縣西南，濩音烏號切。按，《唐志》：天寳元年，更濩澤縣爲陽城。王屋山在河東垣縣東北。按，《通典》：「絳州垣縣，漢舊縣也，東北有王屋山。」又云：「洛州王屋縣有王屋山。」垣與王屋俱有其山，則王屋當是漢垣縣地也。垣，今復隸絳州，即垣曲，是王屋隸孟州。

○以地勢東北觀之，當言厎柱、王屋，而後析城。今乃記析城於王屋之上，何也？析城在厎柱之東北，太行在王屋之東南，自西南以及東北，自西北以及東南，亦所記之法然耳，非可以山之首尾求也。太行當連王屋爲句，孔氏以屬常山，誤矣。

太行、恒山，至于碣石，入于海。太行在今懷州河内縣。常山在今定州曲陽縣。

孔氏曰：此二山連延，東北接碣石而入滄海。百川經此衆山，禹皆治之，不可勝名，故以山言之。

唐孔氏曰：太行去恒山太遠，恒山去碣石又遠。故傳云「此二山連延，東北接碣石而入滄海」，言山傍之水皆入海，山不入海也。又解治水言山之意，「百川經此衆山，禹皆治之，川多不可勝名，故以山言之」也，謂漳、潞、酈氏云：「潞即濁漳。」汾、涑，桑氏云：「涑水出河東聞喜縣東山黍葭谷[一]，南過解縣東，又西南注于張陽池。」聞喜，今隷解州。解，故城在河中桑泉，唐天寶改桑泉爲臨晉。在壺口、雷首、太嶽[二]，經底柱、析城，濟出王屋，淇近太行，恒、衛、滹沲、滱、易近恒山，碣石之等也。

〔一〕「黍葭谷」，底本原作「黍蒒谷」，據《水經注》經文改。

〔二〕「太嶽」，宋魏縣尉宅刻本《附釋文尚書注疏》、宋兩浙東路茶鹽司刻本《尚書正義》孔穎達正義作「太行」。

班氏曰：東太行山，在河内山陽縣西北。又曰：太行山，在壄王縣西北。按，山陽故城在修武縣西北，熙寧六年，省修武爲鎮，入武陟。《隋志》云：河内，漢曰野王，開皇十六年，改名。河内、武陟，今俱隸懷州。當二縣俱有其山。恒山在常山郡上曲陽縣西北。

○此與冀州「恒衛既從，大陸既作」之文相表裏也，不惟此也，「導岍及岐，至于荆山，逾于河；壺口、雷首，至于太嶽」，與「既載壺口，治梁及岐，既修太原，至于嶽陽」一事體而互發明也。「厎柱、析城，至于王屋、太行」，與「覃懷厎績，至于衡漳」亦一體而互發明也。學者試深求之，當自識經文之妙。入于海，言恒山碣石四旁之水，皆以小附大，東入于海也。

西傾、在今洮州臨潭[二]。**朱圉、**在今秦州伏羌城傍近。**鳥鼠，**在今熙州渭源堡傍近。孔氏曰：西傾、朱圉，在積石以東。鳥鼠，渭水所出，在隴西之西。三者，雍

[二]「臨潭」，底本原作「臨漳」，四庫本、墨海本、叢書集成本作「臨洮」，查歷代《地理志》，洮州有臨潭縣，而無臨漳縣，且下文《唐志》《通典》稱西傾山在臨潭縣，則二字當作「臨潭」，今據改。

州之南山。

班氏曰：西傾山在隴西臨洮縣西南，按，《唐志》洮州臨潭縣有西傾山。《通典》云：「山在臨潭西南，吐谷渾之界。」**朱圉山在天水冀縣南。**按，《隋志》冀城縣注云：「後周曰冀城。」《唐志》云：「秦州伏羌縣，本冀城，武德二年更名。」《通典》云：「伏羌，秦漢冀縣。」又云：「上邽縣有朱圉山，俗名曰白巖山。」《九域志》云：「建隆二年置伏羌寨，熙寧三年以寨爲城。」又古迹云古上邽縣，本邽戎邑，知上邽經唐末五代廢之矣。**鳥鼠同穴山，在隴西首陽縣西南。**《通典》云：「渭州渭源縣，漢首陽縣也，後魏改之。」《唐志》云：「渭源鳥鼠山，一名青雀山。」《五代職方考》云：「唐末渭州臨吐蕃，權於涇州，平涼置渭州而縣廢。〔一〕」則今渭非古矣。今熙州有渭源堡，當是古渭源縣之地。

〔一〕按，所引《五代職方考》一段文字，《新五代史·職方考》作：「平涼，故屬涇州。唐末渭州陷吐蕃，權於平涼置渭州而縣廢。後唐清泰三年，以故平涼之安國、耀武兩镇置平涼縣，屬涇州。」（中華書局，一九七四年版）

至于太華。在今華州華陰縣。

孔氏曰：相首尾而東。

唐孔氏曰：鳥鼠東望太華太遠，故傳云「相首尾而東」也。

班氏曰：大華山，在京兆華陰縣南。

熊耳、在今商州上洛。**外方、**在今西京登封。**桐柏，**在今唐州桐柏。**至于陪尾。**在今安州安陸。

孔氏曰：四山相連，東南在豫州界。洛經熊耳，伊經外方，淮出桐柏，經陪尾。**凡此，皆先舉所施功之山於上，而後條列所治水於下，互相備。**

班氏曰：洛水出洪農上雒縣冢領山、熊耳山，在盧氏縣東，伊水所出。《經》云：「導洛自熊耳。」如固所紀。洛水非出熊耳乎？余謂冢領即熊耳，一山連延，同此一名，後世又從而別爲冢領之號耳。《通典》曰：「虢州盧氏有熊耳山，商州上洛有冢領山、熊耳山。」今二縣俱隸二州，二州正連境。又《通典》記上洛之山，既曰有冢領，又曰有熊耳，是一山連延，古同一名無疑矣。洛則出今之所謂冢領。**古文以潁川密高縣密高山爲外方山。**顏氏曰：「密，古崇字。」《通典》

曰：「洛州登封縣，漢崈高也。太唐永徽中置嵩陽縣。武太后改爲登封。有中嶽嵩高山。」**桐柏山，在南陽平氏縣東南。**《隋志》云：「淮安郡桐柏縣，梁置曰淮安也，開皇初，郡廢，更名縣曰桐柏，有桐柏山。」以《隋志》考之，桐柏，漢平氏縣地也，今復隸淮安即唐州。**横尾山在江夏安陸縣東北，古文以爲陪尾山。」**《通典》云：安州安陸有古陪尾山。

○西傾、朱圉、鳥鼠至于太華，即雍州「終南、惇物，至于鳥鼠」之役也。熊耳、外方、桐柏至于陪尾，即豫州「伊洛瀍澗」與夫導淮之役也。圖而觀之，凡畎澮之水，或入于河渭，或入于伊洛，或入于淮，皆可以形勢見也。學者知此味，其肯徒章句乎？

導嶓冢，在今秦州界。**至于荆山。**在今襄州南漳縣。

孔氏曰：漾水出嶓冢，在梁州。經荆山，荆山在荆州。

唐孔氏曰：荆州以荆山爲名，知荆山在荆州也。

班氏曰：嶓冢山在隴西西縣，按，晉改西縣爲始昌，不知始昌後廢於何時。《通典》秦州上邽縣注云：「有漢西縣城，一名始昌，在今縣西南有嶓冢山。」今上邽已廢，《九域志》古迹云：「有古上邽縣，當在天水縣界。」**南條荆山在南郡臨沮縣東北。**《通典》云：「襄陽南漳縣，漢臨沮也，有荆山。」又云：「漢臨沮，故城在江陵郡當陽縣北。」《唐志》亦曰：「南漳本臨沮。」《隋志》曰：「西魏初置重陽縣，後周置沮州，尋廢，改重陽曰思安。開皇十八年，改曰南漳。」是臨沮自西魏方更置不一。

内方，在今荆門軍長林縣。**至于大别。**在今漢陽軍界。

孔氏曰：内方、大别，在荆州，漢所經。

班氏曰：章山在江夏竟陵縣東北，古文以爲内方山。《後漢志》引《荆州記》曰：「山高三十丈，周迴百餘里。」《五代職方考》曰：「復州竟陵，晉改曰景陵。」《通典》曰：「江陵長林縣有章山。」今景陵隸安州，長林隸荆門，以地勢觀之，今其山不復景陵有矣。**大别山，在六安安豐縣西南。**安豐，今隸壽州。

唐孔氏曰：《地理志》無大别。鄭玄云：「大别在廬江安豐縣。」杜預解《春秋》云：「大别闕，不知何處。或曰大别在安豐縣西南。」鄭杜之説即據班氏所志，而唐孔氏以爲《地理志》無大别，此檢閲不詳之失也。**《左傳》云：吴既與楚夾漢，然後楚『乃濟漢**

而陳，自小别至于大别』。然則二别近漢之名，無緣得在安豐。」如預所言，雖不知其處，要與内方相接，漢水所經，必在荆州界也。

蘇氏曰：二别山皆在漢上。

〇此梁荆導漢之役也。内方在荆門，則大别居漢上，當是漢陽界山也。故李氏《詩説》曰：「漢水東流漢陽軍，觸大别山，南入于江。」

岷山在今茂州汶山縣。**之陽，至于衡山。**在今潭州衡山縣。

孔氏曰：岷山，江所出，在梁州。衡山，江所經，在荆州。

班氏曰：崏山在蜀郡湔氏道縣西徼外，江水所出。湔，子田切。考《晉志》已無此縣，當是漢末以來廢之矣。《唐志》茂州汶山縣有岷山。《通典》亦曰：「禹導江發迹于此。」衡山在長沙國湘南縣東南。《通典》曰：「潭州衡山縣，漢湘南縣也。」又曰：「衡州湘潭縣有衡山，今湘潭亦隸潭州。」《唐志》云：「衡山縣有南嶽衡山祠。」

過九江，至于敷淺原。在今江州德安縣蒲塘驛前。

孔氏曰：言衡山連延，過九江，接敷淺原。言導〔一〕，從首起。言陽，從南。敷淺原，一名博陽山〔二〕，在揚州豫章界。

班氏曰：傅昜山，在豫章歷陵縣南，古文以爲敷淺原。傅，讀曰敷，昜，古陽字。

《通典》曰：「江州尋陽縣有蒲塘驛，即漢歷陵縣也。驛前有敷淺原。原西數十里有傅陽山。」據《通典》，傅陽山在敷淺原之西，而班氏即以傅昜山爲敷淺原者，蓋連延數十里，止是一山，古今殊號，遠近異稱云耳。歷陵晉屬鄱陽郡，後不知廢於何時。尋陽今爲德化、德安二縣之地，當是五代時改析。

○此梁、荊、揚導江之役也。禹之導山惟言雍、冀、梁、豫、荊、揚，而不及青、徐、兖三州，惟冀特言入海，而揚止於敷淺原，何也？蓋青、徐、兖、揚四

〔一〕「言導」二字，底本模糊不清，據經解本、四庫本及宋魏縣尉宅刻本《附釋文尚書注疏》、宋兩浙東路茶鹽司刻本《尚書正義》孔安國傳訂補。

〔二〕「博」，清諸本作「傅」，下文班氏曰亦作「傅昜山」。

州，與冀之碣石等處，地皆濱海者也。碣石入海，既北於冀見之，故南於此四州不言也。文省而事該，此最作經之妙。後世史官及之乎？

導弱水，來自雍州西北徼外。**至于合黎。**在今化外甘州。**餘波入于流沙。**在今化外沙州。

孔氏曰：合黎，水名，在流沙東。弱水餘波，西溢入流沙。

唐孔氏曰：此下所導，凡有九水，大意亦自北爲始。以弱水最在西北，水又西流，故先言之。黑水雖在河南，水從雍、梁西界南入南海，與諸水不相參涉，故又次之。四瀆江、河爲大，河在北，故先言河也。漢入于江，故先漢後江。其濟發源河北，越河而南，與淮俱爲四瀆，故次濟，次淮。其渭與洛俱入于河，故後言之。計流水多矣，此舉大者言耳。凡此九水，立文不同，弱水、黑水、沇水不出于山，文單，故以「水」配。其餘六水，文與山連，既繫於山，不須言「水」。積石山非河上源，記施功之處，故云「導河積石」，言發首積石起也。漾、江先山後水，淮、渭、洛先水後山，皆是史文詳略，無義例也。又淮、渭、洛言「自某山」者，皆是發源此山，欲使異於導河，故加「自」耳。鄭玄云：「凡言導者，發源於上，未成流。凡言自者，亦發源於上，未成流。」必其俱未成流，何須別「導」與「自」？河出崐崘，發源甚遠，豈至積石猶未成流，而云「導河」也？顏氏、鄭氏皆以合黎爲山名[一]。《地理志》張掖郡删丹縣，桑欽以爲導弱水自此，西至酒泉、合黎。張掖郡又有居延澤，在縣東北，古文以爲流沙。如《志》之言，酒泉郡在張掖郡西，居延屬張掖，合黎在酒泉，則流沙在合黎之東，與此傳不合。案經弱水西流，水既至于合黎，餘波入于流沙，當如傳文。合黎在流沙之東，不得在其西也。

杜氏曰：合黎，水在甘州張掖縣界。又曰：沙州古流沙地，其沙風吹流行，在郡西八十里。

蘇氏曰：合黎，山名。

[一]「顏氏、鄭氏皆以合黎爲山名」，「顏氏」疑當作「顧氏」，宋魏縣尉宅刻本《附釋文尚書注疏》、宋兩浙東路茶鹽司刻本《尚書正義》孔穎達正義作：「顧氏云：『地説書：合黎，山名。但此水出合黎，因山爲名。』鄭玄亦以爲山名。」

程氏曰：弱水即條支嫣水是也。

○余觀程氏所論弱水，最爲究求之力。然取《禹貢》導水之文，而熟復之，弱水、黑水言導，而不言所導之處，蓋其由來甚遠，雖禹亦不能沿流以窮其源也。弱水用功，止自合黎而上。合黎而下，得其餘波入于流沙，遂亦不復究其爲何如也。然流沙之地，大抵居雍州之極西，弱水流逕雍界，而西入流沙，不見其他折也，故知弱水之西流，而與他川迥異云耳。禹在當時，足迹之所親，目力之所及，猶不能用意於非所用意之外，而學者生於數千載之下，居數萬里之外，而顧執諸家異同之言，以遐想而臆決之，殆所謂窮無窮而極無極矣。杜氏所言地着頗亦可信，今且據之，以見合黎流沙所在，而弱水則來自雍州西北徼外，不知其所從出實地也。合黎當以爲山名，猶「漾水至于大別」之類，蓋皆指山言耳。流沙當是澤名，以其地之沙風吹流行，如《通典》所載，故澤因名流沙。

導黑水，來自雍州西徼之外。**至于三危，**在今沙州。**入于南海。**

孔氏曰：黑水自北而南，經三危，過梁州，入南海。

唐孔氏曰：《地理志》益州郡計在蜀郡西南三千餘里，故滇王國也。武帝元封二年始開爲郡。郡内有滇池縣，縣有黑水祠，止言有其祠，不知水之所在。鄭云：「今中國無也。」傳之此言，順經文耳。案酈道元《水經》：「黑水出張掖雞山，南流至燉煌，過三危山，南流入于南海。」然張掖、燉煌並在河北，所以黑水得越河入南海者，河自積石以西皆伏流，故黑水得越而南也。

杜氏曰：道元注《水經》，鋭意尋討，亦不能知黑水所經之處。顧野王撰《輿地志》，以爲至僰道隸戎州。入江。其言與《禹貢》不同，未爲實録。至於孔、鄭通儒，莫知其所，或年代久遠，遂至湮淊，無以詳焉。三危山在沙州燉煌縣東南。

程氏曰：黑水即葉榆澤是也。

〇黑水亦出外戎，經雍州極境，過三危，越河南渡，經梁州西界，而入南海。此經文可推者也。説者必欲言黑水所自出，惑矣！夫禹不言而後世欲言之，宜其説之不同，而徒爲是紛紛然也。程公駁酈道元等諸説，求《漢志》益州郡葉榆縣在今黎雅西南。葉榆澤，爲黑水之正，又以滇池縣在今黎雅西南。滇池澤爲黑水之下流，蓋以滇池澤傍近有黑水祠爲證故也；又據酈道元等叙載，葉榆入海之地在交趾麊泠縣，在今化外瀼陸等州。爲入南海之的，信其有驗也。而「黑水西河惟雍州」，則雍州無黑水矣，故又求《唐史》「東女弱水」爲黑水之上源。東女之地，正東以及東南皆與今蜀茂、雅二州接境〔一〕，則正在漢益州之北，去雍州河廓界，地望甚順。東女弱水之來，即雍州鄰境也，遂以葉榆一水爲界梁雍兩州，以應經「黑水西河惟雍州」之文，信其善辯也。而東女弱水前此未有黑水之稱，稱黑水自程公始，其殆可深據乎？又孔穎達云：「滇池有黑水祠，而不見水。」程公乃疑更世既久，祠或移之他地，遥設而望祀。是蓋亦臆度之説也。又三危山無所證着，以三苗遺種在宕昌，即今化外宕州。宕，達浪反。疑其當在東女弱水旁。凡此，皆余所未敢執以爲實者也。余恐學者慕名而輕信，昧多聞闕疑之理，故諄諄若此焉耳，非好辯也。

導河積石，在今化外鄯州龍支縣界。**至于龍門。**在今同州韓城縣。

孔氏曰：施功發于積石，至于龍門，或鑿山，或穿地，以通流。

〔一〕「接境」，底本原作「按境」，據四庫本及文義改。

唐孔氏曰：《釋水》云：「河水千里，一曲一直。」則河從積石北行，又東，乃南行，至于龍門，計應三千餘里。《釋水》云：「河出崐崘虛，色白。」李巡曰：「崐崘，山名。虛，山下地也。」郭璞云：「發源高處，激湊，故水色白。潛流地中，受渠衆多，渾濁，故水色黃。」《漢書·西域傳》云：「河有兩源，一出葱嶺，一出于闐。于闐在南山下，其河北流，與葱嶺河合，東注蒲昌海。蒲昌海，一名鹽澤者，去玉門、陽關三百餘里，廣袤三四百里。其水停居，冬夏不增減，皆以爲潛行地下，南出于積石，爲中國河。」郭璞云：「其去崐崘，里數遠近未詳。」

司馬氏曰：《禹本紀》言：河出崐崘。崐崘其高二千五百餘里，日月所相避隱，爲光明也。其上有醴泉、瑶池。今自張騫使大夏之後也，窮河源，惡睹《本紀》所謂崐崘者乎？故言九州之山川，《尚書》近之矣。

班氏曰：積石山，在金城河關縣西南羌中[一]。龍門山在馮翊夏陽縣北。今同州韓

〔一〕「金城」，底本原作「今城」，據經解本、四庫本及《漢書·地理志》改。

城縣〔一〕，隋開皇十八年置，即漢夏陽也。

杜氏曰：《水經》云：「崐崘墟在西北，去嵩高五萬里，地之中也。其高萬一千里，河水出其東北陬，屈從其東南，流入于渤海。又出海外，南至積石山下，有石門。又南入葱嶺山，又從葱嶺出而東北流。其一源出于闐國南山，北流與葱嶺所出河合，又東注蒲昌海，又東入塞，過燉煌、酒泉、張掖郡南，又東過隴西河關縣北。」詳《水經》所作，殊爲詭誕，全無凴據。所云「河出崐崘山」者，宜出於《禹本紀》《山海經》。所云「南入葱嶺及出于闐南山」者，出於《漢書·西域傳》。又云「出海外，南至積石山下，有石門，然後南流入葱嶺」，據此則積石山當在葱嶺之北。又云「入塞，過燉煌、酒泉、張掖郡南」，並今郡地也。夫山水地形，固有定體，自葱嶺、于闐之東燉煌、酒泉、張掖之間，華人往來非少，去積石〔二〕數千里，

〔一〕「韓城縣」，底本原作「韓地縣」，據經解本、四庫本及前經文「至于龍門」下注「在今同州韓城界」改。

〔二〕「去積石」，底本、經解本作「大磧石」，文義不通，蓋涉下文注文「所謂大磧石是也」而誤。兹據四庫本、墨海本、叢書集成本改。

未有桑田碧海之變、陵遷谷移之談，此處豈有河流纂集者不詳斯甚？又按禹導河積石者，堯時洪水，下民昏墊，禹所開決，本救人患，積石之西，砂鹵之地，河流既小，地勢復高，不爲人患，不待疏鑿。以此施功發迹，自積石山而東，則今西平郡龍支縣界山是也，西平郡，今化外鄯州也。《水經》所謂「葱嶺北積石佑」，所謂「大磧石」是也。自酈道元已疑其非《禹貢》積石。《禹貢》積石宜在蒲昌海下。今考班、杜所説，一云在河關，一云在龍支。龍支，漢允吾縣，地屬金城。河關亦屬金城。班、杜所言二縣雖不同，積石當跨二縣界有之矣。二縣在蒲昌海東，正與酈道元之説相合。固無禹理水之功自葱嶺之北，其本紀灼然荒唐，撰經者取爲準的。班氏《西域傳》所言，宜惟憑張騫使大夏，見兩道水從葱嶺、于闐合流入蒲昌海，所以《騫傳》遂云「窮河源」也，「按古圖書，名河所出曰崑崙山」。宜所謂「古圖書」即《禹本紀》，以于闐山出玉乃謂之崐崙，即所出水便云是河也。窮究諸説，悉皆謬誤。孟堅又以《禹貢》云「導河自積石」，遂疑河潛流，從此方出。且漢時群羌種雖衆，多不相統一，未爲强國，漢家或未嘗遣使詣西南羌中，或未知自有河也。寧有今吐蕃中河，從西南數千里，向東北流，見與積石山下河相連，聘使涉歷，無不言之？吐蕃自云：崑崙山在國中西南，則河之所出也。又按《書》云：「織皮、崑崙、析支、渠搜、西戎即叙。」又范曄《後漢書》云：「西羌，在漢金城郡之西南，濱于賜支。」《續漢書》曰：「河關西可千餘里，有西羌。」謂之賜支，蓋析支也。然則析支在積石之西，是河之上流明矣。崑崙在吐蕃中，當亦非謬，而不謂河之本源。乃引葱嶺、于闐之河，謂從蒲昌伏流數千里，至積石方出，斯又班生所未詳也〔一〕。同州韓城、絳州龍門二縣，有龍門山，龍門縣今隸河中府。即禹所鑿。《三秦記》云：「魚鼈上之即爲龍，否則點額而還。」又慈州文城縣有孟門山，與龍門相對。慈州今廢，其吉鄉縣以隸隰州，文城省爲鎮入吉鄉。河至今隰州吉鄉孟門山是爲入龍門，至河中府龍門縣汾水合河之上，爲出龍門口。然則吉鄉、龍門二縣所謂龍門山者，是在河之東者也；韓城所謂龍門山者，是在河之西者也。兩岸俱有其山，則西所謂龍門與東孟門相對之處，是在韓城以北。

程氏曰：導河自積石以下，未至龍門以上。經但一書「積石」，不言方嚮，知荒遠在所當略也。

〔一〕「所未詳也」，底本、經解本均作「所詳也」，於義難通，據墨海本、四庫本、叢書集成本改。

〇按，雍州崑崙之戎「浮積石」，則謂河出崑崙山，宜亦不妄。杜言其山在吐蕃中，亦不爲無所據矣。然禹不言河源，惟記積石耳。今吾第論其所記，不必求其所不言也。若夫自積石至於龍門，計應三千餘里，禹記河之所逕，所以疏闊若此者，以龍門而上、積石而下，地高而水不爲患，禹功所不加，故不言也。程氏荒遠之説非。

南至于華陰，

孔氏曰：河自龍門南流至華山，北而東行。

程氏曰：河自北狄入中國，皆南行，至此而極，始折而東從。

東至于厎柱，

孔氏曰：河水分流，包山而過，山見水中若柱然。

程氏曰：河至華陰，則已改爲東流，不待至厎柱乃始折東。今其曰東至厎柱者，自改東以後，惟厎柱爲可記也。

〇河自南行至華陰，自華陰東行至厎柱，則「東」字連華陰而言，不必曰「自」。改東以後，惟厎柱爲可記也。

又東至于孟津。在西京洛陽北〔一〕，孟州河陽。

孔氏曰：孟津，地名。在洛北，都道所湊，古今以爲津。

唐孔氏曰：孟是地名，津是渡處，在孟地致津，謂之孟津。傳云地名，謂孟爲地名耳。杜預云：「河内河陽縣南孟津也。在洛陽城北，都道所湊，古今常以爲津。武王渡之，近世以來呼爲武濟。」

林氏曰：河流自華陰至于厎柱，夾兩山之間，其流皆湍悍。至於孟津，然後其勢稍緩，故可以横舟而渡也。

〔一〕「在」，底本原作「南」，據上下文文例及下文孔穎達引杜預注改。

東過洛汭，在今西京鞏縣東。

孔氏曰：洛汭，洛入河處。

唐孔氏曰：洛入河處，河南鞏縣東也。鞏在西京東一百一十里。

程氏曰：洛既北入河，河之南、洛之北其兩間爲汭也。汭之爲言在洛水之内也。渭水入河之間，亦名渭汭，正其義也。河自洛汭以上行地中，它水反來注河，故山水名稱迹道，古今如一，無所譌誤，以其山川皆相附着故也。自大伾以下，不論水道難考，雖名山舊嘗憑河者，亦便不可究辨。此非山有徙移也，河既遷變，年世又遠，人知新河之爲河，而不知舊山之不附新河也，惟輒並河求之，安從而得舊山之真歟？山，静物也，且因河徙，而譌錯如此，則降水大陸，其方嚮益難究定矣。此其並河凡地所爲無的之因也。

至于大伾。今衛州黎陽縣黎山是。

孔氏曰：山再成曰伾。至于大伾而北行。

唐孔氏曰：《釋山》云：「再成英，一成岯。」李巡曰：「山再重曰英，一重曰岯。」傳云「再成曰伾」，與《爾雅》不同，蓋所見異也。鄭玄云：「大伾在脩武、武德之界。」脩武，今懷州武陟縣脩武鎮是，其地熙寧六年省入。武德，今懷州河内縣武德鎮是，其地熙寧六年省入。張揖云：「成皋縣山也。」今孟州汜水縣，漢謂之成皋縣。《漢書音義》有臣瓚者，以爲：「修武武德，無此山也。成皋縣山，又不一成，今黎陽縣山臨河，豈不是大岯乎？」瓚言當然。黎陽，今隸衛州。

杜氏曰：衛州黎陽縣有大岯山，今名黎陽東山，又名青檀山，在縣南七里。其張揖云「成皋山是大伾山」，謬也。

程氏曰：黎陽山，在大河垂欲趨北之地，禹故記之，正與河將東流而先記華陰之在極〔二〕南者同也。若成皋之山既非從東折北之地，又無險礙如龍門厎柱之須疏鑿也，其地西去洛汭既已絶遠，東北距降水大陸又爲絶遠，禹獨何爲而特於此數數致言耶？臣故於瓚、佑有取，正以其理有當焉耳。

〔一〕按，「南者同也」至經文「至于大陸」下孔疏「杜氏《春秋説》云：嫌鉅鹿絶」之間凡八百四十五字，底本原闕，今據四庫本補。四庫本「極」字下有注曰：「按，以下至唐孔氏『至于大陸』正義，刻本所闕，今從《永樂大典》本補入。」

北過降水，在今冀州武邑縣。

孔氏曰：降水，水名，入河。

唐孔氏曰：《地理志》云：降水在信都縣。按，班固《漢書》以襄國爲信都，在大陸之南。或降水發源在此，下尾至今之信都，故得先過降水〔一〕，乃至大陸。若其不爾，則降水不可知也。鄭以「降讀爲降，下江反〔二〕，聲轉爲共，河内共縣，其水出焉〔三〕，東至魏郡黎陽縣入河。此近降水也，周時國於此地者惡言降水，改謂之共」。此鄭胸臆，不可從也。

杜氏曰：貝州經城縣有枯絳渠。按，《唐會要》唐天祐三年八月，割貝州經城隸魏州。又按，《九域志》北京即升唐魏州爲之，熙寧六年省經城爲鎮，入宗城，則枯絳渠今在北京宗城縣

〔一〕「故得先過降水」，四庫本原作「故過降水降水」，據宋魏縣尉宅刻本《附釋文尚書注疏》、宋兩浙東路茶鹽司刻本《尚書正義》孔穎達正義改。

〔二〕「下江反」，四庫本原作「下反反」，據宋魏縣尉宅刻本《附釋文尚書注疏》、宋兩浙東路茶鹽司刻本《尚書正義》孔穎達正義改。

〔三〕「其水」，宋兩浙東路茶鹽司刻本《尚書正義》孔穎達正義作「淇水」。

界。北入冀州南宫縣界，又過信都、衡水、武邑三縣界。南宫而下四縣，今俱隸冀州。

程氏曰：枯絳渠可證古降所麗，與禹河方嚮正合，但禹河既枯，而絳瀆亦枯，至武邑斷絶，别無可考。鄭康成以淇水之自衛州入河者爲降水，其援引證誤，元已自覺之，遂改引屯氏河爲證。酈道元既已仍襲其説，尋又覺屯河之無降名也，因又改易《漢志》屯河名稱，以應古降，既以明誤，且有大失審究者。經之叙河曰「北過降水」，是原有降水，而禹因河役過之，其理甚明也。今屯河因漢河決溢，甫有迹道。設使漢河真是禹河，亦無有因此河決流而反記此河位置者，而况漢河本非禹河，而求禹河所逕於漢河支派，則豈非重複之誤耶？此其誤之所起，不出乎臣之所陳者矣。河既改流，並河山川皆非其故，而不知反諸未始改流以前，此與中流失劍而刻舟以記者，正同一誤也。

至于大陸。當是瀛州以東之地。

孔氏曰：大陸，澤名。

唐孔氏曰：漢《地理志》云：「大陸，在鉅鹿縣北。」《釋地十藪》云：「晉有大陸。」孫炎等皆云「今鉅鹿縣北廣河澤也」。郭璞云：「廣河猶大陸，以地名言之。」近爲是也。《春秋》「魏獻子畋于大陸，焚焉，還，卒于甯」，杜氏《春秋説》云：「嫌鉅鹿絶〔一〕遠，以爲汲郡脩武縣吴澤也〔二〕。」即修武也。然此二澤相去甚遠，所以得爲大陸者。以《爾雅》「廣平曰陸」，但廣而平者，則名大陸，故異所而同名焉。然此二澤，地形卑下，得以廣平爲陸者，澤雖卑下，旁帶廣平之地，故統名焉。故大陸澤名廣河，以旁近大陸故也。

程氏曰：大陸之説，雜出不一。其始，《地理志》謂在鉅鹿縣，未問其去古河絶遠，且其地理次序，遠在古絳上流，不與經應。故歷代言地理者皆疑非是。爲此之故，益傍東北展轉求之。故隋氏以趙之昭慶縣爲大陸，唐氏先天中割鹿城置陸澤縣，皆意大陸之在其地而爲此之名。而杜、李輩因而實之曰「邢、趙、深，此三州者，皆大陸也」，亦孔穎達所謂「廣平爲陸」，故綿延千里而皆可稱謂有是也。今古

〔一〕「絶」字下，四庫本注曰：「按，以上刻本有闕文，今從《永樂大典》本補正。」

〔二〕「汲郡」下，底本原有「脩郡」二字，據四庫本及宋魏縣尉宅刻本《附釋文尚書注疏》、宋兩浙東路茶鹽司刻本《尚書正義》孔穎達正義删。

絶遠，隋唐之名二縣以爲大陸者，或其有據，不可得詳矣，姑雜信疑而兩傳之。且以深之陸澤爲大陸，則古河之行乎貝冀者，既可用枯絳以應「北過降水」之文，其逕深而入滄者，可以謂之「至于大陸」也。雖不能寸寸銖銖較其首末，比之漢河所經全無「降水」「大陸」二名可以傅會，其通多矣。

○余考地理次第，降水在冀之東北入河，而深在冀之正西，指深之大陸爲經之所指，亦與「過降」之文未合。夫既謂之大陸，則不必專以爲澤，凡廣河澤以東，其地平廣綿延千里，皆謂之大陸也。此所指當是瀛州以東之地，而經之「恒衛既從」、「大陸既作」，則瀛以西至深、趙、相之間皆是。

又北，播爲九河，同爲逆河，入于海。逆河，在今滄州之東北，其地已淪於海。

孔氏曰：北分爲九河，以殺其溢。同合爲一大河，名逆河，而入於渤海。皆禹所加功，故叙之。

唐孔氏曰：鄭玄云：下尾合名爲逆河，言相向迎受。

酈氏曰：河之入海，舊在碣石。今川流非禹瀆也。周定王五年，河徙故瀆，故班固曰：商竭，周移也。又以漢武帝元光三年，河又徙東郡更注渤海，是以漢司空掾王横言曰：「往者天嘗連雨，東北風，海水溢西南，出浸數百里。」張沂亦云：「碣石在海中。蓋淪於海水。」後世儒者，知求九河於平地，而不知求碣石有無，以爲之證。王横之言信而有據〔一〕。碣石入海〔二〕，非無理也。

程氏曰〔三〕：王横之言，以當時所親見而破萬世傳聞之惑。世之言《禹貢》者失稽焉。臣於是用其説，博求諸古，知其精確可信也：周定王五年，河徙故瀆；漢元光三年，河水徙，從頓丘東南流入渤海。頓丘，《地理志》屬東郡〔四〕，今其地屬澶州清豐縣，熙寧六年省入也。渤海舊在滄□之濱〔五〕，因以爲名。則今滄濱之海，東北則爲漢河，自樂陵縣入

〔一〕「據」，四庫本原作「擬」，據墨海本、叢書集成本改。

〔二〕「數百里」至「碣石入海」凡五十二字，底本模糊不辨，今據四庫本補入。且四庫本於「出浸」下注曰：「案，刻本下有闕文，今從《永樂大典》本補正。」

〔三〕「程氏曰」一段文字，底本或有闕字及字迹模糊不清者，今據宋刻本程大昌《禹貢論·十一逆河》（《中華再造善本》影印本，以下所引此書皆爲此版，不再一一標注）訂補，不再一一出校。

〔四〕「地理」二字，底本模糊不清，今據經解本補。

〔五〕「滄□之濱」，「滄」下一字，底本模糊不清。

海。樂陵，今隸滄州，在州南一百二十五里。則是周、漢已前，河入海故道不在漢世所指渤海之地矣。遷、固親著周、漢河徙，見之《紀》《志》，而其記《禹貢》道河語，輒自忘之，乃曰：「九河逆河，入于渤海。」薛瓚從而證之曰：「《禹貢》河口入海，乃在碣石。元光河徙始注渤海，禹時不注也。」然則欲知漢河、禹河入海之實，從碣石求之則可見矣。九河歷世滋久，借曰通塞移徙，不可主執，而碣石者，通一山冢趾皆石，無有徙移摧折之理也。漢河既不並碣石入海，而平地亦無碣石，則九河逆河，其與碣石俱淪于海，王横之言，其已信矣。

〇禹於導山，以碣石入海爲記，所以著其爲海畔山也；於冀州貢道，以夾右碣石入河爲記，所以見河口入海正附碣石旁也。一時之紀述，萬世得藉以知河道之的，其諸以爲聖人記事之法歟！

嶓冢導漾，發源氏道養山，東逕嶓冢山。

葉氏曰：漢源出嶓，江源出岷，故言「嶓冢導漾」、「岷山導江」。淮出胎簪山，至桐柏而大；渭出南谷山，至鳥鼠而大；洛出冢嶺山，至熊耳而大。因其流之大，可以爲人害者治之，而非其源，故言導淮自桐柏，導渭自鳥鼠同穴，導洛自熊耳。○漾、江之來甚遠，地且高，而源微，未能爲害，禹正不必極其源也，故止於岷嶓導之。淮、渭、洛之源近，而爲雍、豫等州害者，非特下流而已，故禹治之，必極其源。葉氏之説反之矣。不然，則禹究心於甚遠而略於近，顧與導弱、導黑、導河異其功用，何耶？

東流爲漢。至今階州將利縣界東流。

班氏曰：養水至武都爲漢。按，《通典》「武州治將利縣，漢武帝置武都郡」。又按，《唐志》「景福元年更名階州」，則今階州將利蓋武都縣地也。《通典》云：「漢中郡金牛縣有嶓冢山，禹導漾至此爲漢。」此□亦後世因漢上流所經之山名曰嶓冢[一]，□亦轉有此名耳[二]，非秦州嶓冢也。漾水既東，即曰漢水，非必至金牛而後爲漢水也。此祖安國至漢中東行爲漢之説耳。《唐志》「興元府

〔一〕「此□」，「此」下一字，底本模糊不清。
〔二〕「□亦」，「亦」上一字，底本模糊不清。

西縣」注云：「武德三年，析利州之緜谷置金牛。寶曆元年，省金牛入西縣。」今西縣復隸興元府，在府西一百里。

又東，爲滄浪之水。在今均州武當縣。

孔氏曰：别流在荆州。

唐孔氏曰：傳言「别流」，似分爲異水。案，經首尾相連，不是分别，當以名稱别流也。

劉氏曰：《南都賦》注云：「漢水至荆山東，别流爲滄浪之水。」

酈氏曰：武當今隸均州。縣西北四十里漢水中，有洲名滄浪洲。庾仲雍《漢記》謂之「千龄洲」，非也。是世俗語訛音與字變矣。《地説》曰：「水出荆山東南，爲滄浪之水。」是近楚都，故漁父歌曰：「滄浪之水清，可以濯我纓；滄浪之水濁，可以濯我足。」余案，《禹貢》言「導漾水，東流爲漢，又東爲滄浪之水」，不言「過」而言「爲」者，明非他水決入也。蓋漢、沔水自有滄浪通稱耳，纏、絡、鄢、鄀，地連紀、郢，咸楚都矣，漁父歌之，不違水地。考按州傳，宜以《尚書》爲正耳。

林氏曰：張平子《南都賦》云：「流滄浪而爲隍，廓方城而爲墉。」李善注引《左氏傳》屈完所謂「楚國方城以爲城，漢水以爲池」，則是滄浪即漢水也。蓋漢水至于楚地，則其名爲滄浪之水也。

過三澨，在郢州長壽縣界。

孔氏曰：三澨，水名，入漢。

桑氏曰：荆州沲水，在南郡枝江縣三澨池之南，在邔縣之北。邔，音其己反。此縣晉猶存，後不知廢於何時。其地在枝江南。枝江，今爲江陵府松滋縣之鎮。松滋，在府西南八十里。

酈氏曰：《尚書》曰：「道漢水，過三澨。」《地説》曰：「沔水東行，過三澨，合流觸大别山阪。」故馬融、鄭玄、王肅、孔安國等咸以爲三澨水名也。許慎言：「澨者，埤增水邊，土人所止也。」按，《春秋左傳》曰：文公十有六年，楚軍次于勾澨，以伐諸庸；宣公四年，楚令尹子越師于漳澨；定公四年，左司馬戌敗吴師于雍澨；昭公二十三年，司馬薳越縊於蓬澨。服虔或謂之邑，又謂之地。京相璠曰：

「杜預亦云：水濟及邊地也。今南陽、今隸澄州。淯陽南陽有漢淯陽縣故城，在淯水之陽。二縣之間、淯水之濱，有南澨、北澨矣。」而諸家之論，水陸相半，又無山源出處之所津途關路，唯鄭玄及劉澄之言在竟陵縣界。漢竟陵故城在郢州長壽縣南，五代晉改竟陵爲景陵，今隸安州。經云「邔縣北池」。然池流多矣，而論者疑焉，亦不能辨其所在。

顔氏曰：三澨水，在江夏景陵。

林氏曰：三澨，水名也。《水經》則以爲在江陵邔縣之北，顔師古則以爲在江夏竟陵，未知孰是。

○枝江之地，非漢所經，三澨不當在其境。鄭氏等謂在竟陵，是矣。

至于大别，南入于江。江漢合於鄂州之西。

孔氏曰：觸山迴南入江。

林氏曰：漢水既東流爲滄浪之水矣，於是過三澨水所入之處，又於是觸大别山，以與江合也。

東匯澤爲彭蠡，東爲北江，入于海。

孔氏曰：匯，迴也。水東迴爲彭蠡大澤。

程氏曰：江、漢、蠡相會處爲彭蠡澤。

〇三江相會而南，不能以敵中北西來之勢，故中北遏南，而南相與迴旋，而爲一大澤者，其來久矣。今禹本其所由有澤之因，故歸之于漾，而爲之言曰「東匯澤爲彭蠡」，而于江亦曰「會于」、「匯」耳。其實彭蠡一澤，三江之水爲之也，説者未有發明此義，余故輒及之。

岷山導江，發源羊膊嶺下，東逕岷山。

酈氏曰：岷山即瀆山，而水曰瀆水也。又謂之汶阜山，在徼外，江水所導也。《益州記》曰「大江泉源」，即今所聞始發羊膊嶺下，緣崖散漫，小大百數，猶未足濫觴，東南下百餘里，至白馬嶺而歷天彭闕，亦謂之爲天谷也。秦昭王以李冰爲蜀守，冰見氏道縣有天彭山，兩山相對，其形如闕，謂之天彭門，亦曰天彭闕。江水自此已上至微弱，所謂發源濫觴者也。

〇岷山在氐道，天彭闕亦在氐道，而天彭闕以上江水至微，則禹於岷山導江，其山當在天彭闕之東也。

東別爲沱。

孔氏曰：江東南流，沱東行。

唐孔氏曰：以上云浮于江、沱、潛、漢，其次自南而北。江在沱南，知江東南流而沱東行。

又東至于澧。 當在溪澧之境。

孔氏曰：澧，水名。

唐孔氏曰：鄭玄以此經自「導弱水」已下言「過」言「會」者，皆是水名；言「至于」者，或山或澤，皆非水名，故以「合黎」爲山名，「澧」爲陵名。鄭玄云：「今長沙郡有澧陵縣，其以陵名爲縣乎？」孔以「合黎」與「澧」皆爲水名。弱水餘波入于流沙，則本源入合黎矣。合黎得容弱水，知是水名。《楚辭》曰「濯余佩兮澧浦」，是澧亦爲水名。

顔氏曰：澧水出武陵充縣，西至長沙下雋縣，西北入江。

酈氏曰：澧水在荆州。

〇江水别而爲沱，其經流則東至于澧也。漢孔氏云：「澧，水名。」酈氏云：「澧水出武陵充縣，西至長沙下雋縣，西北入爲江。」《楚辭》曰：「濯余佩兮澧浦。」顔師古謂「澧在荆州」，蘇氏亦謂「澧水在荆州」，歷觀諸儒所説，則以澧爲水名，非無所據也。然鄭氏謂此經自「導弱水」以下言「過」言「會」者，皆是水名。今長沙郡有澧陵縣〔一〕，其以陵名爲縣乎？鄭氏此言，似亦有理，故曾氏曰：「澧，鄭氏以爲澧陵，今江水不至澧陵，故先儒疑焉，皆以爲澧水。夫春秋之豫章在江北漢、淮之間，漢之潯陽、江夏在江北，後世皆在江南，烏知禹之時澧陵非江水所至之地乎？」以曾氏此説觀之，則知鄭氏以爲陵名，有合於經文。然經文曰「導弱水至于合黎，餘波入于流沙」，則是合黎必有受水之處，而鄭氏以其曰「至于」，遂以合黎

〔一〕「長沙郡」，底本原作「長河沙郡」，今據上文孔穎達正義引鄭玄之文删「河」字。

爲山名。苟以合黎爲山名，則安能受弱水所入之勢，而溢其餘波於流沙乎？此又不能無疑也。余按，下文「九江」、「澧水」既與其一，則其非水明矣。

過九江，至于東陵。東迤，北會于匯。東爲中江，入于海。

孔氏曰：江分爲九道，在荆州。東陵，地名。

唐孔氏曰：九江之水，禹前先有其處，禹今導江，過歷九江之處，非是別有九江之水。

陳氏曰：九江即荆州「九江孔殷」是也。東陵在荆州。所以得名九江者，以大江之水自禹之前已有此九道，洪水作害，水失故道，今禹自岷山導江，復過前所謂九江者，以至東陵。此皆江之故道，非别有九江之水。江水既過九江，又至于東陵也。東陵，古荆州地，今隸鄂州。《九域志》云：「太平興國二年，析鄂州永興縣置永興軍。三年，改興國，治永興縣。」

蘇氏曰：迤，迤邐也。

林氏曰：迤者，斜出之辭也。江、漢二水，皆自西來，至其合處，則其勢迤靡而相屬。故漢水自發源嶓冢皆東流，至其將與江合也，則稍折而南；蓋江水自發源岷山皆東流，至其將與漢合也，則稍折而北。蓋江在漢南，漢在江北，漢稍南，江稍北，則其勢相屬，故會于彭蠡而復東也。匯者，彭蠡之澤也。不言「會于彭蠡」者，蓋蒙上「東匯澤爲彭蠡」之文，且見其與漢水共注此澤也。漢孔氏以「東迆」爲一句，而以「北」字屬於下，謂「北會于匯」，故其説以謂迆溢也。東溢分流，都共北會爲彭蠡。鄭氏又以「東迆」者爲南江。夫既以迆爲溢，而又以東溢爲分流，展轉相訓乃成義，其文勢不相屬，非經意也。據經文言「北江」、「中江」者，是自彭蠡而東，方分爲二江。鄭氏以「東迆」爲南江，則是自東陵而下已分爲三矣，此説尤不與經合。漢、江二水既合於彭蠡矣，然後由彭蠡分出爲中江，入于海。此言「東爲中江入于海」，而上文言「導漢，東爲北江，入于海」，有北江、中江，則是必有南江矣，即揚州所謂「三江既入」是也。

〇江至東陵，始與漢合，而經於東陵之下，記其東行斜迆而北者，著其與漢既合之形勢也。繼曰「會于匯」者，著其同爲彭蠡澤也。經之文明潔如此，何得不信？而猶惑於孔、鄭之鑿説乎？

導沇水，出今孟州王屋縣王屋山。**東流爲濟，**在今孟州濟源縣。**入于河，**在今孟州温縣。

孔氏曰：泉源爲沇。流去爲濟。在温西北平地。

唐孔氏曰：《地理志》云：「濟水出河東垣縣王屋山，東南至河内武德縣入河。」傳言「在温西北平地」者，濟水近在河内，孔必驗而知之。見今濟所出，在温之西北七十餘里。温是古之舊縣，故計温言之。

杜氏曰：絳州垣縣，漢舊縣也，東北有王屋山，沇水所出。又曰：洛州王屋縣有王屋山，沇水所出。又曰：沇水自王屋山頂崖下，澄渟不流，至濟源縣西二里平地，潛源重發，名濟水，東流經温縣入河。

〇按，《隋志》：「王屋縣舊曰長平，後周改曰王屋。」當是漢垣縣地，不知何時析置長平耳。今王屋隸孟州，在州西北一百三十餘里。

曾氏曰：止者爲漾，流者爲漢；止者爲沇，流者爲濟。自其水之所自出而言之，則曰漾曰沇，故其導之也，則必指其水之所自出而言之，故係之以其川瀆之通稱。以此二水流自漾、沇而出，及其既流而出，則曰漢曰濟，以至於入江入河入海，皆受漢、濟之名。而漾與沇，但可以名其始出之水而已。

張氏曰：沇、濟一也，發源爲沇，既流爲濟。且漾水東流爲漢，江水東別爲沱。漾水流爲漢，漾水既爲漢，則漾水之名熄矣。故爲漢之後，不復名爲漾；沇水流爲濟，沇水既爲濟。則沇之名熄矣，故爲濟之後不復名爲沇。至江水東別爲沱，乃其支流耳。江水之名自若也。按，《地志》曰：濟水出河東垣縣王屋山東南，今絳州垣曲縣山也。始發源王屋山頂峯下，曰沇水。既見而伏，東出於今孟州濟源縣。二源〔一〕，東源周回七百步，其深不測；西源周回六百八十三步，其深一丈。合流至温縣，是爲濟水。歷虢公臺，西南入于河。

溢爲滎。

孔氏曰：濟水入河，並流十數里，而南截河。又並流數里，溢爲滎澤，在敖倉東南。唐孔氏曰：濟水既入于河，與河相亂，而知截河過者，以河濁濟清，南出還清，故可得而知也。

班氏曰：軼出滎陽北地中。

〔一〕「二源」，底本原作「一源」，此「二源」之説出自唐李吉甫《元和郡縣圖志》（中華書局，一九八三年版），今據此及上下文文義改。

杜氏曰：溢爲滎，在鄭州滎澤縣。按，《隋志》開皇四年置廣武縣，仁壽元年改名滎澤，當是析古滎陽地置之。今按，《九域志》：滎陽在鄭州西六十里，滎澤在鄭州西北四十五里。如孟說，敖倉又在滎陽之西北，則是滎澤在敖倉東南。

許氏曰：濟入河，伏流南出。

蘇氏曰：濟水既入河，而溢爲滎。禹不以味別，安知滎之爲濟乎？

鄭氏曰：「導漢水，至于大別，南入于江」，經文止於此而已。「東匯澤爲彭蠡，東爲北江入于海」，皆脱文也。「導沇水，東流爲濟，入于河」，經文亦止於此而已，河南有水亦名爲濟，河北之濟與河南之濟相亂，故知「溢爲滎」以上，當有「導某水」一二句，後世傳者失之。

林氏曰：滎陽以東，本無濟道，禹既導濟以入河，河、濟相合，其流浸大，使皆決于河之故道，則必有泛濫之患。禹於是自河決之，以爲滎澤，而東出于陶丘北〔一〕，以入于海，是亦所以分殺其勢。而濟之溢爲滎也，河洛雜矣，非復濟水也，

〔一〕「出于」二字，底本原作墨釘，今據經解本、四庫本及下文經文「東出于陶丘北」補。

惟此書爲治水而作，故其所載者如此。

程氏曰：降水逆行，其初蓋有不盡入河而散漫自恣者，今也積石以東，收泛水而入之河，既已多矣，其在豫也，伊、洛、瀍、澗，悉以水會，河既盈而濟繼之，故溢而注滎也。

東出于陶丘北，在今曹州定陶縣界。

孔氏曰：陶丘，丘再成。

班氏曰：《禹貢》陶丘，在濟陰郡定陶西南陶丘亭。

郭氏曰：今濟陰定陶城中有陶丘。

杜氏曰：漢濟陰郡城，今曹州濟陰縣是也，亦漢定陶縣也，故定陶城在東北。

按，《九域志》太平興國三年，以濟陰縣定陶鎮置廣濟軍，熙寧四年廢軍，以定陶縣隸州，在州東北三十七里。

程氏曰：濟入于河，而對溢爲滎，以東出于陶丘之北者，一時適然之事也。以其異，故變文而記之。曰溢曰出者，《禹貢》書例之所無也。

又東至于菏，在曹州定陶界。

孔氏曰：菏澤之水。

班氏曰：菏澤在定陶東。

杜氏曰：菏澤在今曹州濟陰縣城東北九十里。今濟陰東北之地既析爲定陶縣，則菏澤在定陶界也。

程氏曰：樂史《寰宇》書云：濟陰有山，是爲菏山。菏水西自考城來屬。考城，今隸東京。而考城者，於汴京爲東，於濟陰爲西，而濟之正源未嘗一逕考城，亦可以見菏水之自爲一派，而濟來會之甚明也。《水經》以此水爲五丈溝，而五丈溝者，即近世命爲五丈河，而開寶中改命以爲廣濟河者。其是也。太平興國中，割定陶一鎮爲軍，而名廣濟，則又因水以爲之名，此正菏水首末也。

又東北會于汶，又北，東入于海。

孔氏曰：北折而東。

班氏曰：沇水東至琅槐入海。

酈氏曰：《山海經》曰：「濟水絶鉅野，注渤海，入齊琅槐東北者也。」《地理風俗記》曰：「博昌東北八十里，有琅槐鄉故縣也。」按，琅槐屬千乘郡，《後漢·郡國志》已無此縣，是光武所并省。博昌，唐隸青州。

○導沇辨

弱、黑二水，來自雍州塞外，至遠而不可窮，故禹言「導」而不言其所自起。至於沇水，源出中國，且去帝都不遠，而禹之所書顧與弱、黑同例，何也？酈、杜二子皆有沇水潛行之説，意者禹疑其水之異而略于記歟？曰：非也。甚遠者，不能書，甚近者，不必書，而沇源近在帝都之南，所以不書也。聖經書法之妙，大抵如此。

○滎澤辨

濟既入河，與河相亂，而其溢爲滎也，禹安知其爲濟哉？孔穎達謂以其色辨，東坡謂以其味别，而許敬宗則以爲入河伏流而出，鄭漁仲則以爲簡編脱誤，林少穎則以爲禹分殺水勢，而程泰之則又以爲水會於河既多，河盈而濟繼之，故溢而注滎也。紛紛之論，將孰從而折衷乎？余嘗思之，程氏之見比諸公爲勝。夫河自積石而來，所受水爲不一，而至於歷華陰而東行，則又有伊、洛等水會之，河之盈可知矣。然河自孟津以東，其地稍平，其勢稍緩，而加以水之滿盈，則其流寬徐，益與厎柱而上不同矣。沇水自北而南，勢鋭而流捷，衡河横度，固當時所有之事也。今時水潦驟集，山流横突溪澗，其勢狀尚可辨視，况於濟之衡河南出，滎口浩博，禹何待於區區味辨色别而後知邪？然其入河而出，不能無河水之混，而大概則濟耳。若其天時有變，河流蕩激之際，滎口欲其純受濟水□不能也〔一〕。此可以理而推，不必過爲之惑。林氏謂分殺水勢者，謂沇入河而河溢，故禹決滎瀆以殺之，而滎實非濟也。然禹記兖州疆境，指濟爲東南所據，禹豈因亂名實如是乎？許氏伏流之説，謂其源之或潛，而意之耳。鄭氏簡編脱誤之説，求其説不得，而姑爲之説耳。凡此，皆學者所當明辨，毋容其汩亂經文，亦庶乎爲羽翼六經之一端也。

〔一〕「濟水□」，「水」下一字，底本原闕。

杜氏曰：濟水因王莽末旱，渠涸，不復截河南過。今東平、鄆州。濟南、齊州。淄川、淄州。北海青州。界中，有水流入于海，謂之青河，實菏澤汶水合流，亦曰濟河。蓋因舊名，非本濟水也。莽末濟涸見《後漢·郡國志》[一]。

程氏曰：《春秋》閔二年：「衛侯及狄人戰于滎澤。」鄭氏云：「今塞爲平地。滎陽民猶謂其地爲滎澤。」酈道元所言，亦與鄭合。然則滎澤在春秋時既可以戰則已不復受河，而鄭氏之於東漢，酈道元之於後魏，所見皆同，則可以知滎本無源，因溢以爲源。河口有徙移，則滎之受河者，隨亦枯竭。然杜佑以莽末濟不截河而南，於是凡濟水下流，悉棄不録，且謂漢以前郡國之以濟名者，濟南、濟北、濟陽、濟陰，皆命名者失於詳考[二]。其説直謂滎澤既塞，則不復有濟矣[三]，此其説不審之甚

〔一〕「涸」，底本原作「固」，據上文「濟水因王莽末旱，渠涸」及《後漢書·郡國志》改。按，《後漢書·郡國志》作：「濟水出，王莽時大旱，遂枯絶。」（中華書局，一九六五年版）

〔二〕「皆命名者失於詳考」，底本原作「皆矣於不詳考」，四庫本作「皆命名者失於詳考」，並於「考」字下注曰：「按，刻本句有脱誤，今從《永樂大典》本校正。」今校宋刻本程大昌《禹貢論》，正作「皆命名者失於詳考」，據改。

〔三〕「有」，底本原作「在」，據經解本、四庫本及宋刻本程大昌《禹貢論》改。

者也。以理推之，滎既塞矣，自滎至海，地亘千里，水行其間，自成川脉，蓋數州之水，循溢滎下流故道而行者自若也，豈獨菏汶哉？

導淮自桐柏，

孔氏曰：桐柏山，在南陽之東。

唐孔氏曰：《地理志》云：「桐柏山，在南陽平氏縣東南，淮水所出。」《水經》云：「出胎簪山東北，過桐柏山。」胎簪，蓋桐柏之傍小山，傳言南陽郡之東也。○胎簪山，即桐柏也。後世又别名之耳。禹謂導淮自桐柏，不應桐柏非淮所出。今其山在唐州桐柏縣。

東會于泗、沂，

唐孔氏曰：沂水先入泗，泗入淮耳。以沂水入泗處去淮已近，故連言之。

在楚州界。

東入于海。在楚州東北入海。

班氏曰：淮水東南至臨淮淮陵縣入海。淮陵，晉猶存，不知後於何代廢省，今其地當在楚州界。

導渭自鳥鼠同穴，

孔氏曰：渭水出焉。

林氏曰：渭水出於首陽南谷，而禹之導渭，惟自鳥鼠同穴而始，故曰「導渭自鳥鼠同穴」。

○余考《水經》，有所謂出鳥鼠山者，有所謂出南谷者，二者皆以渭水名之。然禹言「導渭自鳥鼠」而南谷者不記，則南谷者，他水之名渭者耳。桑、酈之説，得之傳聞，大抵不足多據，而林氏援之以斷經，顧不思禹導漾江，不言「自」，爲其源之遠也，而渭比漾江之源爲如何哉？下比淮、洛同一書法，禹之意可知矣。

唐孔氏曰：《釋鳥》云：「鳥鼠同穴，其鳥爲鵌，大吾反。其鼠爲鼵。徒忽反。」李巡曰：「鵌、鼵，鳥鼠之名。共處一穴，天性然也。」郭璞曰：「鼵如人家鼠而尾短。鵌似鵽而小，知刮切，鵽鳩，一名冠雉。黄黑色。穴入地三四尺，鼠在内，鳥在外。」孔氏《尚書傳》云：「共爲雌雄。」張氏《地理記》云：「不爲牝牡。」璞並載此言，未知誰得其實也。

張氏曰〔一〕：此禹自其源而導之也。余詢曾官隴西者，曰鳥鼠各有雌雄。是張氏之説爲然也。鳥鼠同穴，天下無此理也，而渭水所出□□此異焉〔二〕。是天下之事，不可以耳目所止而決其有無也。造化之理，何所不有？雀化爲蛤，鳩化爲鷹，此豈可臆説哉？

程氏曰：經於鳥鼠一山而三言之，雍州曰「終南惇物」、「至于鳥鼠」，導山曰「西傾朱圉鳥鼠」，其後叙渭又言「鳥鼠同穴」，蓋有先單言鳥鼠者，再而合言「鳥鼠同穴」者一耳，占三從二，則鳥鼠同穴已見其非一山矣。考之《水經》，桑欽止曰「渭出鳥鼠山」，無同穴之文也。《地説》曰：「鳥鼠山者，同穴山之枝幹也。」

〔一〕「張氏曰」，四庫本無此三字，並將此段文字係爲傅氏説解之文。按，依下文「是張氏之説爲然也」，此段似當爲傅氏説解之文。

〔二〕「渭水所出□□」，「出」下二字，底本模糊不清。

據此，則鳥鼠、同穴自是二山明也。孔安國曰：「鳥鼠共爲雌雄同穴，處此山，因以名也。」此説甚怪。而本之《爾雅》，臣不敢遽議其非也。鄭玄之時，已知此二名者當爲二山矣，而疑經之「鳥鼠同穴」，蓋嘗聯文，則又爲之説曰：「鳥與鼠，飛行而異處者，其山爲鳥鼠。及其止而同處，則其山爲同穴。」且曰：「鳥名鵌，似鵽而黄黑。鼠同家鼠而短尾，穿地而共處，鼠内而鳥外。」此不惟謹並《爾雅》，且亦兼存「鳥鼠同穴」之文，兩冒而俱而言之，冀有一而合也。然其理有可疑者，鳥鼠異類，自不應相牝牡。設使有之，二蟲者何知而能飛行止宿、異處同歸？不踰其常耶？況《水經》所載，二山之中，川流間之，不正相附。其言鳥鼠飛游，各爲一山，而其所宿又自一山，推之於鵌，尚或能之，若鼠而絶水，必待泳游，乃得越過，其於同穴，理不能常，蓋專意附會《爾雅》，而不自覺其不通也。至於杜彦遠，則以爲同穴，止宿養子，互相哺養。張晏以爲不相牝牡。最後杜寶《大業雜記》有曰：大業三年，隴西郡守獻同穴鳥鼠，煬帝謂牛洪曰：「《爾雅》曰『其鳥曰鵌，其鼠曰鼵』，鼵當尾短，今長何耶？」洪曰：「舊説未必可依，遂圖以付所司。」此説也，杜寶以爲可以傳信，故書也。然煬帝好奇尚誕，宫禁之内，高德儒且指野鳥爲鸞，今其蕩游無度，荒遠守臣强取鳥鼠，配合古説以來媚悦，固不足信，而又鼠尾長短，已與古説不同，益知詐罔也。李吉甫《郡縣志》曰：「鳥鼠山，今名青雀山，其同穴鳥如家雀而青，鼠如家鼠而黄，其氣辛辣，人若馬中之輒病。」是説也，使誠不妄，則隋唐相近，牛洪其必知，以洪之佞，凡事迎逢煬帝，當其致疑鼠尾，洪豈肯不以此種語實其欺諂耶？吉甫雖信傳聞而著之志，自謂堅確矣，然古以鵌色爲黄黑，而今以雀爲青雀，則不獨隋世之鼠尾與古異，而唐傳之雀色亦不與古同，此皆未可據信。載考其説，以爲山在縣西，渭水所出，二源並下，則正與《地説》所謂「鳥鼠爲同穴山之枝幹者」合也，然則鳥鼠山者，其同穴之別枝歟？渭出其間，凡二其源，而下流乃始參會。此二源者又皆經禹疏導，特鳥鼠一山獨大，故經之概叙山川，單言鳥鼠者再，蓋舉其大者言之也。鳥鼠之山雖大，而渭之發源〔一〕，不止此之一山，於是叙渭所始，兼舉而並言之，故曰「鳥鼠同穴」也。參據前後，其爲兩山何疑？而何用附會入之怪神也？且酈道

〔一〕「渭」，底本原作「謂」，據四庫本及宋刻本程大昌《禹貢論》改。

元最爲尚怪，在叙注諸水，悉取小説異教、奇文幻記以爲實録，而獨於此不肯主信也，於是前叙渭源，則直引《地記》，以明同穴别是一山；後於孔、鄭、杜、張四説，又皆存之，而不以爲是也。夫平時尚怪者，至此尚疑其怪，則真誕矣！臣之詳辨乎此者，正以渭源近而可驗，古傳鵌色黄黑，至唐爲雀而特變青，則其誕又可以質。而世獨信之，於以見古事之出於隱暗荒遠，如水味地脉〔二〕，皆不應引之以紊古經也。

東會于灃，出京兆鄠縣東南。

孔氏曰：灃水自南而合。

班氏曰：酆水出扶風鄠縣今隸京兆。東南，北過上林苑在長安。入渭。

張氏揖曰：酆水出鄠縣南山酆谷北，入渭。《上林賦》注。

〔一〕「水」字，底本模糊不清，四庫本作「色」，今據宋刻本程大昌《禹貢論》及上下文文義改。

又東會于涇，出今鎮戎軍幵頭山。

孔氏曰：涇水自北而合。

班氏曰：涇水出安定涇陽縣西幵頭山東南，至馮翊陽陵縣入渭。按，《通典》曰：「漢涇陽縣故城，在原州平涼縣南。」又曰：「平高縣有笄頭山，涇水所出。」《九域志》云：「至道元年，以原州故平高縣地置鎮戎軍。古迹有笄頭山，一名雞頭，一名崆峒。」又原州有臨涇縣，渭州平涼縣即唐平涼縣地也。陽陵，自晉已廢，當是今京兆涇陽之地。

又東過漆、沮，在今華州華陰縣北。

孔氏曰：漆、沮，二水名，亦曰洛水，出馮翊北。

班氏曰：洛水出馮翊懷德縣東南，入渭。懷德，在今耀州富平縣界。沮水出北地直路縣東北，入洛。直路，自後漢已廢，今其地當在慶寧諸郡。

桑氏曰：沮水出北地直路縣，東過馮翊祋祤縣北，東入于洛。今耀州同官縣，漢祋祤也，在州東北五十里。

酈氏曰：澤泉水出沮東澤中，與沮水隔原，相去十五里。俗謂是水爲柒水也，東流逕懷德城北，東南注鄭渠，合沮水，又以沮直絶注濁水，至白渠合焉。故濁水得柒、沮之名也。其水又東北注于洛水，洛水入渭，在華陰縣北。

○如酈氏所説，漆、沮，二水也。既入于洛，而洛亦以漆沮名者，豈以其混流之故，而稱號之通歟？不然，禹何爲其亂名實如此也？

唐孔氏曰：《地理志》曰「漆水，出扶風漆縣」，今邠州新平地，是也。依《十三州記》，漆水在岐山東入渭，則與漆沮不同矣。此云「會于涇，又東過漆沮」，是漆沮在涇水之東，故孔以爲洛水一名漆沮。以水土驗之，與《毛詩》古公「自土沮漆〔一〕」者別也。彼漆，即扶風漆水也。彼沮，則未聞。

入于河。在華州華陰縣東北。

班氏曰：渭水東至船司空入河。《通典》云：「漢船司空故縣，在華陰縣理東北五十里。」

〔一〕「沮漆」，底本原作「漆沮」，據經解本、四庫本、宋魏縣尉宅刻本《附釋文尚書注疏》孔穎達正義及宋刻巾箱本《毛詩·大雅·緜》（《中華再造善本》影印本）經文乙正。

導洛自熊耳東北，會于澗、瀍，

孔氏曰：會于河南城南。

又東會于伊，

孔氏曰：會於洛陽之南。

又東北入于河。

孔氏曰：合於鞏之東。鞏，隸西京，在京東一百一十里。

劉氏曰：《帝王世記》云：夏太康五弟須于洛汭。在鞏縣東北三十里。

九州攸同，

孔氏曰：所同事在下。

唐孔氏曰：昔堯遭洪水，道路阻絕，今水土既治，天下大同，故總叙之。

蘇氏曰：書同文，車同軌。

葉氏曰：九州辨土地以别之者，始也；一制度以同之者，終也。

吕氏曰：九州之水，皆同其底平之功。

○「攸」字，訓所。言所同，則是總目下文之事也，傳之説爲長。

四隩既宅，

孔氏曰：四方之宅已可居。

唐孔氏曰：室隅爲隩，隩是内也。遂以隩表宅，言四方舊可居之處皆可居也。

張氏曰：室隅爲隩，謂其僻遠也。言水患既除，四方之僻遠處亦各安其所居也。

杜氏曰：「隩」猶「淇奥」之「奥」。奥□□□水患既平〔一〕，四方之民居水之隈，曰隩皆得安其居也〔二〕。

〔一〕「奥□□□水患既平」，「奥」下三字，底本殘闕不辨，四庫本於上文「『淇奥』之『奥』」下注曰：「案，刻本下衍『奥隅』二字，今從《永樂大典》本校正。」依底本每行版刻字數，此處似當作四字爲是，參《毛詩》孔傳，此句疑當作「奥隈也言水患既平」。

〔二〕「曰隩皆得」四字，底本殘闕，據經解本、四庫本補。

呂氏曰：言〔一〕四表之外皆可宅也。

九山刊旅，九川滌源，九澤既陂，

孔氏曰：九州名山，已槎木通道而旅祭矣；九州之川，已滌除泉源，無壅塞矣；九州之澤，已陂障無決溢矣。〔二〕

唐孔氏曰：上文諸州有言山川澤者，皆舉大者言之，所言不盡，故於此復更總之。〔三〕

林氏曰：九山、九川、九澤，皆是泛指九州之山、川、澤而言之，若必欲以「弱水」而下爲九川、「雷夏」而下爲九澤，則「導岍」而下果九山否乎？

〔一〕「呂氏曰言」四字，底本殘闕，據經解本、四庫本補正。

〔二〕此「孔氏曰」一段文字，底本殘闕，據四庫本及宋魏縣尉宅刻本《附釋文尚書注疏》、宋兩浙東路茶鹽司刻本《尚書正義》孔安國傳補正。

〔三〕此「唐孔氏曰」一段文字，底本殘闕，據四庫本及宋魏縣尉宅刻本《附釋文尚書注疏》、宋兩浙東路茶鹽司刻本《尚書正義》孔穎達正義補正。

〇山者，川之所自出、所由逕者也。言九山於上，而九川繫之，則是九川者，九川所出、所逕之山也；澤者，川之所或至、所或鍾者也。言九川於上，而九澤繫之，則是九澤者，九川所至、所鍾之澤也。禹之言曰「予決九川，距四海」，而導弱以下又正當其數，則所謂「九川滌源」者，非泛指亦明矣。説者意禹爲總括之語，而不知九川者，百川之所會，列九川而言，則凡九州之川見其中矣[一]。記事之精簡，宜無大於此者。而況禹之施功雖徧天下，要固自有足迹未嘗及者，以非患之所在故也。滌源而泛指，豈百川皆滌源乎[二]？九山自導岍而下，九澤自雷夏而下，皆是也。凡其川流脉絡、豬蓄匯溢，皆與九川相爲表裏者也。主之以九川，而山之與澤，皆亦名九，以見山澤之非泛指，而皆其附九川而名之者也。詳經文之首末，討治水之規摹，固不容於泛論禹也，學者試思之。

吕氏曰：九州之山已刊除，置壇場而旅祭，以告成功。

〔一〕「之」字、「矣」字，底本殘闕，據經解本、四庫本補。
〔二〕「滌源」二字，底本殘闕，據經解本、四庫本補。

○九州惟梁、雍書旅山，而梁必書蔡、蒙者，書之於所言山之末，以示告成之義也。雍必書荆、岐者，書之於所言山之首，又以見禹迹所至無不祭也。以二州互見之文，而上該他州之祀禮，禹之書法大抵簡嚴如此也。然蔡、蒙二山，則近岷江；荆、岐二山，則近河、渭，禹顧不泛書他山，何也？「九山刊旅」，余益信其爲九川所繫利害之山爲不誣也。所謂滌源者，治水自下而上，至其源亦滌之也。弱、黑之水，雖不極其源導之，所自起亦源也。

程氏曰：河之爲患，至能憂勞堯、禹，久之乃平，則後世遭罹其患者，亦何敢諱勞惜費？臣獨有怪者：三代而後，能變亂爲治、使天地萬物悉就條理者，惟漢、唐、本朝，而河患特甚它代。秦、晉、隋得國不久，固不暇遠略，自餘三國五季以及南北，不能包擅河境，設有策畫，東不能指之於西，南不能以及其北，其不相該應如此，宜其常決不救，乃反㢆㢆有之，此似天有定數，非人力得預，臣嘗深謂難曉也。久之，熟思漢人賈遜之論，謂古隄闊，故游波有所縱盪；漢隄狹，故東迫而爲決溢，乃慨然嘆曰：此天下至理也！是河道平決之分也。遜獨專以論隄，而臣推以論世，於是宿疑釋然，河事可得而論矣。遜之言曰：「齊與趙、魏爲境，齊作隄，去河二十五里，水抵隄泛趙魏，趙魏亦爲隄，去河二十五里。漢隄陿者去水數百步，遠者數里。夫以漢隄而較古隄，其容受不同如此〔一〕。而水比古不加少，彼不決，安歸也？且古人豈不知棄地可惜，正爲有所棄，乃能有所存，不容曲計目前耳。後經治世，生齒衆，作業盛，但見河堧有地而棄，不知古人有爲爲之也。既已田之，又從而治屋廬成聚落，稍慮漂没，則隄外起隄，以自護壅。它日復有田廬其外者，益又添隄。」以賈逵所見，齊、趙、魏以及黎陽、今隸衛州。內黄、今隸北京。白馬、今隸滑州。諸有隄處，大隄之外小隄，大抵數重。以率言之，凡邊河州縣近河，添隄益多，則容水益陿，其理然也。漢去古不遠，已不知遥隄本意，恣民堙障，不立限禁，苟無賈逵爲之發明，則古制殆無傳矣。利之所在，惟人希土曠，則河堧得以受水，稍經生息，則遥隄之外展轉添隄，固其所也。則何怪乎漢、唐以及我宋，平治久則河決益數也？是故漢自高后以前，唐自肅、代以後，河患特少則生

〔一〕「其容受不同如此」，「容」字底本原闕，四庫本作「其受容不同如此」，據宋刻本程大昌《禹貢論》及四庫本補乙。

齒登耗，乃與河之平決相應，蓋有以矣。惟國朝建隆之初即決棣滑，與它朝事勢不類，蓋周世宗父子於大河下方兼南北有之，民視瀕河爲内地，故攘據其中者衆，以端拱詔書驗之，則可見矣。

又。《書》叙滎𤃨既豬，而總之曰：「九澤既陂。」《水經》：「河北有鯀隄。」李垂言：「大伾有禹隄。」則隄之來古矣，賈逵言隄防之設近自戰國者，非也。且河自陝洛以上，它水入之，過此，則它水率多受河，是冀、兖、豫之河皆行乎地上也。古而無隄，三州無見土矣。由是言之，雖禹亦必仗隄以爲水防，則隄之利害，可不究窮乎？河之源委以比四瀆最遠且長，其所容受乃不如江多，郭璞謂「踰河減江」，則其狹可知。夫其狹，人力所不能廓，獨其沿岸有隄，遠河一丈則水之容也益一丈，增一里則益一里。姑以古隄存者言之，對隄皆空二十五里，則是河道兩旁有五十里可受漫水。縱有霖漲溢冒平地，未必能越五十里而破隄以出，此爲無拓河之勞而收拓河之利，古人之智也。漢明帝之詔曰：「左隄彊，則右隄傷。左右皆彊，則下方傷。」夫知左彊，則固右以禦其暴，姑可紓矣。左右俱彊，兩不能齧，而其怒，乃移下方。是惟無以受之，巧力雖勝，終不免一決也。有以知歷世狹隄，所以甚堅而無補於敗，皆是故也。漢人欲訪禹迹，穿地爲九以倣九河，曰：「縱不能爲九，但得四五，宜有益。」又嘗議多穿漕渠，分殺水怒。本朝亦嘗屢開支河，如金赤、遊麋丘、六塔〔二〕、二股、減水諸河，是皆措置之大者也。揆其〔二〕意，度皆將求分水力而已。然使水力當分，縱於要處得百許支河道，其減得幾？孰與並河凡郡悉設遥隄，使之方行無所束迫，其爲容受何啻一支流之多哉？況水闊則平，平則隄易以立。束而急之，則湍怒以與隄鬭，故甚堅亦敗。此又利害之差殊者也〔三〕。

又。國朝乾德、興國、祥符之間，三嘗講求遥隄，獨興國詔書爲詳，曰：「河防舊以遥隄寬其水勢，其後民利沃壤，咸居其中，河之盛溢，則罹其患，遂遣趙孚等條析隄内民籍税數，議蠲賦、徙民，興復隄利。聖意究知害源，鋭意復古，千世一時也。孚輩智不及遠，徒曰〔四〕：遥隄存者，百不一二，役費甚大。妄以他語塞詔

〔一〕「遊麋丘六塔」五字，底本殘闕，四庫本作「游麋六塔」，脱「丘」字，今據宋刻本程大昌《禹貢論》補。

〔二〕「之大者也揆其」六字，底本殘闕，據四庫本、宋刻本程大昌《禹貢論》補。

〔三〕「利害」，底本原作「利善」，扞格難通，據宋刻本程大昌《禹貢論》及文意改。

〔四〕「徒」，底本原作「徙」，據四庫本、宋刻本程大昌《禹貢論》改。

而止。夫遥隄久廢，驟復動亘十數郡，費誠大；閣熟田不得耕徙，見民不得居，妨誠多。然獨不能對引利害，以相除乎？河不決，猶歲歲有春料費，常不下鉅萬萬。苟決矣，不論何地何時，悉雜役兵夫救塞，勞費殆無已時，何嘗不費？又時決溢所及〔一〕，不止並河，但在下流城郭、屋室、丁口、生業，漂溺掃地，比之徙民易業〔二〕，害又益大。乎不長計而曲以目前言之，殊可惜也。然而此一舉也，平世爲之實難。漢田蚡奉邑在鄃，故城在今德州平原縣西南。利在河決而南則鄃無水灾〔三〕，於是瓠子之禍，淮夷悉墊。武帝欲加救塞，蚡矯天面謾，不容帝之施力。今遥隄所包，豈止百鄃？占田其間，豈盡是循理之士？但有一蚡，何事不可藉口？此策殆不輕得行也。或者如高祖平秦、光武中興，承大亂餘烈，土無見民，縱復廣爲之禁，亦無妨奪。於此時而訪遥隄、毁近障，葺廢定令，以漸爲之，規模一定，息水怒於不争，縱初

〔一〕「又時」，四庫本及宋刻本程大昌《禹貢論》作「而又」。
〔二〕「易」，底本原作「益」，於義難通，據宋刻本程大昌《禹貢論》改。
〔三〕「在」字，底本原無，據四庫本、宋刻本程大昌《禹貢論》補。

時勞費，而逸寧之效，燕及無極，其功殆可纘禹，不止一世也。臣故論而著之，以竢方來。

○程氏之論河隄，究極古今，發明利害，真有用之學也。余愛之不忍棄，編之於此，則夫學《禹貢》而但識山川之名者，可以愧矣。

四海會同，

孔氏曰：四海之内會同京師，九州同風，萬國共貫。

唐孔氏曰：禮，諸侯之見天子，時見曰會，殷見曰同。此言「四海會同」，乃謂官之與民，皆得聚會京師，非據諸侯之身朝天子也。夷、狄、戎、蠻，謂之四海。但天子之於夷狄，不與華夏同風，故知「四海」謂四海之内，即是九州之中，乃有萬國，萬國同其風化也。

葉氏曰：五服之内皆會同於京師，以脩其職。

張氏曰：水患既去，非特九州之民往來無阻，而蠻、夷、戎、狄皆復會同于京師矣。

吕氏曰：四海皆會同朝王。

六府孔脩。

孔氏曰：水、火、金、木、土、穀，甚脩理，言政化和。

唐孔氏曰：六材之府甚脩治矣。

張氏曰：非特水得其性，而火、金、木、土、穀亦各得其性，而爲天下用矣。蓋水於天地間，爲物最大，水得其性，則五行皆得其性矣。此鯀湮洪水，乃謂之「汩陳其五行」，而九疇之次五行，所以一曰水。居其先者，豈無謂乎？

葉氏曰：六府無廢財，貢賦之法，於是而立。

庶土交正，厎慎財賦。咸則三壤，成賦中邦。

孔氏曰：交，俱也。衆土俱得其正，謂壤、墳、壚。致所慎者，財貨貢賦。言取之有節，不過度。皆法壤田上中下大較三品，成九州之賦，明水害除〔一〕。

〔一〕「明水害除」，底本原作「明水除害」，據四庫本及宋魏縣尉宅刻本《附釋文尚書注疏》、宋兩浙東路茶鹽司刻本《尚書正義》孔安國傳改。

唐孔氏曰：致所重慎者，惟財貨賦税也。慎之者，皆法則其三品土壤，準其地之肥瘠，爲上中下三等，以成其貢賦之法於中國。美禹能治水土，安海内，於此總結之。

蘇氏曰：交，通也。正，平準也。庶土不通有無，則輕重偏矣。故交通而平準之，九州各則其壤之高下，以制國用，爲賦入之多少。中邦，諸夏也。貢篚有及於四夷者，而賦止於諸夏也。

王氏曰：「庶土交正，厎慎財賦」，言以衆土交相正制財賦之法，致慎其事也。「咸則三壤，成賦中邦」，言九州之田咸有則，以成中邦賦法。蓋上賦有及四夷，田賦止於中邦而已。

葉氏曰：「庶土交正」，以九土相參而辨其等也。「咸則三壤」，以三壤定其制而爲之法也。《書》以「貢」名，而此獨言「賦」，以所厎慎而養中國者在賦，而貢其義也。

吕氏曰：「庶土交正」，九州之土，彼此相視高下，各得其正。「厎慎」二字，見聖人當庶土交正之時，欲制其賦，先懷敬慎之心。制其法，歸於中，以爲萬世之傳。惟先有敬心，則能則上中下三等之壤，以成賦於中邦。大抵序事，序其事迹，則多違其本心；序其本心，則多略其事迹。今此四句，載禹制賦之辭，本末皆備。底慎者，其心也，則壤者，其迹也。以此見古之秉筆作史者，皆知道之人。

程氏曰：禹之定賦也，曰「咸則三壤，成賦中邦」；孔子之叙《書》也，曰「任土作貢」，則九州之田宜皆與賦相當也。今考之經，其相當者，究之一州耳，荆之賦至高，於田五等。此其故何也？孔安國曰人功有脩有不脩，以理推求，當必有之，然無古事以爲之證也。故曰：賦者，直記其米粟之出於田者耳。賦之外有貢焉，併貢而總之，以爲賦入之數。故高下相補除，而田品賦等自應不齊也。是説也，臣求之經，似亦有當矣。蓋荆之賦最重者也，田賦之外，其貢則金、瑤、琨、篠、簜、齒、革、羽毛、織貝、橘、柚〔一〕，不勝其多也。雍之賦最輕者也，以其田賦之外，貢者璆、琳、琅、玕而已，亦無包篚之類，故總言之則輕也。以其最輕最重者質之經，而此説近乎可信矣。然言經者，不可執一，得其一隅，而三隅對求，

〔一〕「柚」，底本原作「枳」，據四庫本、宋刻本程大昌《禹貢論》及前《禹貢》經文改。

皆無所礙，乃爲通耳。今其説曰：田品之下者，其賦本輕，惟其該貢篚數之則爲重是矣。然考之於冀，其賦惟總、秸、粟、米，此外絶無一貢，用何物增計而使高於田四等也？徐之賦下於田三等，亦已輕矣，然其貢爲夏翟、桐、磬、珠、魚、玄、縞，不爲不多矣。於其中珠、玄、縞三者，皆非易得之貨，而又未知其責貢幾何也。然則胡爲而不得合并，以就重賦之目歟？以此推之，知其不能遽通也。

又。論古事者，必得古制。古制文微〔一〕，當得古語。既有古制以爲稽據，又有古語從而發明之，則古事之情見矣。經之分州叙事也，貢與賦對出，禹於立制取民之初，明著其意，惟曰「庶土交正，厎慎財賦，咸則三壤，成賦中邦」，但以此文求之，則九州貢篚似不在數矣。然其書專以「貢」名，而又孔氏叙《書》亦止曰「任土作貢」，則貢者又似專指貢篚而言也。而臣有以折衷其歸者，得之孟子也，曰：「夏后氏五十而貢，商人七十而助，周人百畝而徹，其實皆什一也。」《禹貢》之貢，即孟子所謂五十而貢者，蓋其一代賦名也。夫其爲貢，雖與助、徹同爲十一，而其

〔一〕「古制」二字，底本原無，據四庫本、宋刻本程大昌《禹貢論》補。

制之所以取民，則龍子所謂「校數歲之中以爲常」者。又其所以爲什一也，載考之經〔二〕，兖之賦必待作十有三載乃同者，兖居東北最下，河害特甚它州，山川、土田久矣其就藝乂，而兖之升高避水者，今而始得降丘宅土也。自非寛爲之期，使加功歲久，則無所謂數歲中校，可以起立貢則。是故作之必至十有三載，乃同他州也。然則龍子之謂「校數歲以爲常」者，經固言之矣。況經之叙則壤成賦也，其必待六府孔修之後，則土未出穀，庶土雖可交正，禹猶未肯遽立賦則也。然則賦則之本於歲校，益又可證矣。孔安國之以人功參田品者，豈亦有見於此耶？

又。周人之制：井九百畝，其中爲公田，八家皆私百畝，同養公田，是聚八家之力治公田百畝，而八家别自各得百畝之入，此其所以爲什一之制也。夫惟所取單出公田，設非稔歲，亦不於公田之外多責一穗一粒，此所以田之與賦常相什一，而無時輕時重之異也。夏后氏之制：一夫授田五十畝，若歲各立則〔三〕，隨田所入以歸

〔一〕「之經」二字，底本原無，據四庫本、宋刻本程大昌《禹貢論》補。
〔二〕「各」，底本原作「赤」，據四庫本、宋刻本程大昌《禹貢論》及文義改。

公上，則與周制同矣，而有所謂「校數歲之中以爲常」者，又於田品之外，參核歲事，以爲品則也。田品信有高下矣，官又籍其歲入而參記之，閲數歲之中，而酌其中，以定多寡，此其意以爲加詳，而不知適以致弊也。歲校已定，多寡奠焉，異時歲事，不必常如參定之初，於是所輸，始見其偏矣。當樂歲而粒米狼戾，則歲校所取，比之什一爲已寡。及夫凶年，糞其田而不足，而必取盈焉，則歲校所取，比之什一爲已多。故龍子得以議之曰：「治地莫善於助，莫不善於貢也。」此其田與賦所以有時而不相應也。雖然，聖人立法，猶有可議者歟？善乎黄門蘇氏之言曰：「貢之不若助也，俎豆之不若盤盂也，肉刑之不若徒流笞杖也，古之人不爲此，非不智也，勢未及也。寢於地者，得藁秸而安矣，自藁秸而後有菅簟也，自菅簟而後有溫麗也。」此貢、助、徹均爲什一，而所以什一者不同，蓋見弊而後知所以救也。

○「庶土交正，厎慎財賦」者，蓋參正庶土之高下有無，而必致其謹也。謂之財賦者，賦之出于土者不一，故以財言之也。「咸則三壤，成賦中邦」，此田賦也。必以中邦言者，蓋表其爲什一之正，行之中國，謂之堯舜之道，而非桀貊之道也。田賦如此，土賦從可知矣。荆公謂「土賦有及於四夷」，非也。四夷皆以貢言，不當以賦言也。

錫土姓，祇台德先，不距朕行。

孔氏曰：台，我也。天子建德，因生以賜姓，謂有德之人生此地，以此地名賜之姓以顯之。王者常自以敬我德爲先，則天下無距違我行者。

唐孔氏曰：此一經皆史美禹功，言九州風俗既同，可以施其教化，天子惟當擇任其賢者，與共治之，選有德之人，賜與所生之土爲姓，既能尊賢如是，又天子立意，常自以敬我德爲先，則天下之民無有距違我天子所行者。皆禹之使然，故叙而美之。

蘇氏曰：我以德先之，則民敬而不違矣。

王氏曰：錫土姓者，言建諸侯，賜之土以立國，賜之姓以立宗。

林氏曰：錫土姓者，於是始可以疆天下、封諸侯而成五服也。《左傳》曰：「天子建德，因生以賜姓，胙之土而命之氏。」蓋「胙之土」即所謂錫土是也，「命之氏」即所謂錫姓是也，如契封於商，錫姓子氏，稷封於邰，錫姓姬氏，必在於此時。

以稷、契觀之，則其他諸侯皆然也。施博士曰：「祇台德先，不距朕行，何預於治水之事而於此言之者？當洪水未平之時，四方諸侯其於會同之禮有廢而不講者，則其於祇上之德亦闕如也。然則德雖出於上之所爲，而能使之祇台不距者，禹預有功焉，故舜稱之曰『迪朕德時，乃功惟叙』，其意亦合於此。」善哉此説也。

張氏曰：向也，洪水滔天，九土莫辨，雖有德之人當賜姓氏者，上亦無所施設矣。禹既弼成五服，至於五千，州十有二師，外薄四海，咸建五長，各迪有功，其當賜姓氏者多矣。今以功來，上可以施行也。錫土者，命之氏而遠及支庶；錫姓者，因其所生而以傳其正適焉，若舜賜姓曰嬀，而命其氏曰陳者是也。嬀以傳其適，不容有兩人。氏以及支庶，則是凡曰陳者皆其支庶也。此又土姓之別歟？「祇台德先，不距朕行」者，此則深明禹以勤德率諸侯，而諸侯各迪有功之意也。夫禹懲創丹朱以傲而殄厥世，故過門而不入，啓呱呱而弗子，祇勤我德以先之，遂弼成五服，至于五千，而州十有二師，外薄四海之長各迪有功，皆不違我之所行矣。以是知禹所以成此大功者，非求之他也，祇我勤德以先之而已。

呂氏曰：古者無常姓，必有功德，然後賜之禹、命之氏。禹之治水，如此廣博，其所勞役天下多矣，而天下翕然從禹之行而無距者，蓋禹有德以先之故也。使禹無德以先天下，天下豈肯從？今看《禹貢》，皆是禹之力，然禹豈外是以求德？自衆人爲此，則是力自禹爲此，則是德何？則禹之所爲，此其心何如也，史官恐後世見禹之胼胝，遂以爲禹惟有力，故以德表之。此作《書》之要。

〇害去而利興，法善而政行，九州所同也。此其功雖在禹，而贊佐與有力焉，故錫土姓，及於益、稷之儔。而禹於此著之曰：享所賜者，以彼等能敬從吾之表倡也。自常情觀之，禹之言近於矜，而禹非矜也，紀實事以褒同列，而敷奏於吾君之前，正所以爲不欺。學者毋以常情議禹可也。

五百里甸服。

孔氏曰：規方千里之内，謂之甸服。爲天子服治田，去王城面五百里。

唐孔氏曰：既言九州同風，法壤成賦，而四海之内路有遠近，更叙弼成五服之事。甸、侯、綏、要、荒五服之名，堯之舊制。洪水既平之後，禹乃爲之節文，使賦役有常，職掌分定。甸服去京師最近，賦税尤多，故每於百里即爲一節。侯服稍遠，近者供役，故二百里内各爲一節，三百里外共爲一節。綏、要、荒三服，去京師益遠，每服分而爲二，内三百里爲一節，外二百里爲一節。以遠近有較，故其任不等。甸服入穀，故發首言賦税也。賦令自送入官，故三百里内每皆言「納」，四百里、五百里不言「納」者，從上省文也。於三百里言「服」者，舉中以明上下，皆是服王事也。侯服以外貢不入穀，侯主爲斥候。二百里内徭役差多，故各爲一名。三百里外同是斥候，故共爲一名。自下皆先言三百里，而後二百里，舉大率爲差等也。

顔氏曰：甸之爲言田也。

王氏曰：五百里甸服者，畿内也。甸者，井牧其地之謂，王所自治也。

吕氏曰：四井爲邑，四邑爲丘，四丘爲甸。甸之一字，見得井牧之法至此已成。

百里賦納總，

孔氏曰：甸服内之百里，近王城者。禾藁曰總，入之供飼國馬。

唐孔氏曰：去王城五百里總名甸服，就其甸服内又細分之，從内而出，此爲其首。總者，總下銍秸、禾穗與藁總皆送之。《周禮》掌客待諸侯之禮有芻有禾，此總是也。

蘇氏曰：總，藁穟。并地最近，故納總。

二百里納銍，

孔氏曰：銍，刈，謂禾穗。

唐孔氏曰：《説文》云：「銍，穫禾短鎌也。」《詩》云「奄觀銍刈」，用銍刈者，謂禾穗也。禾穗用銍以刈，故以銍表禾穗也。

三百里納秸服，

孔氏曰：秸，藁也，服藁役。

唐孔氏曰：去穗送藁，易於送穗，故爲遠彌輕也。然計什一而得，藁粟皆送，則秸服重於納銍，則乖近重遠輕之義。蓋納粟之外，斟酌納藁。四百里猶尚納粟，此當藁、粟别納，非是徒納藁也。

顔氏曰：言服者，謂有役則服之耳。

王氏曰：納秸而服，輸將之事也。以正在五百里之中，便於畿内移用，故使納秸服也。

林氏曰：納秸雖優，而又使之服輸將之事，則其力之所出，足以補其財之所入。財之所入，足以優其力之所出矣。

蘇氏曰：以藁爲藉席之類，可服用者。

○秸之爲用多矣，故百里既併穗納之，三百里又純輸此賦也。納秸之下，加一服字，以見輸將之勞可與不納粟相補除也。

四百里粟，五百里米。

孔氏曰：所納精者少，麄者多。

王氏曰：四百里粟者，以遠故也；五百里米者，以其尤遠故也。

東萊先生曰：穀有殻曰粟，無殻曰米。

張氏曰：藁秸雖輕，而舟車負載不若粟米之數少也。

林氏曰：薛氏云：「畿内，天子之居，其所賴以養天子者，在此千里之民而已，故所賦所納，備言於此。蓋餘服則賦各歸其國，故《禹貢》略之。」義或然也。觀經文於「納總」之上，特加一「賦」字，則凡賦之出於田者，皆可以觸類而通之矣。故自「侯服」以下，但言建國遠近之制，而不及所輸之物。其辭不費，使讀之者自以意曉，此又述作之體也。

○田賦有兵、車、牛、馬之屬，而不言者，蓋舉食而言，則兵不言可知矣。

五百里侯服。

孔氏曰：甸服外之五百里。侯，候也。斥候而服事。

唐孔氏曰：襄十八年《左傳》稱晉人伐齊，「使司馬斥山澤之險」。「斥」謂檢行也。「斥候」謂檢行險阻，伺候盜賊。此五百里主爲斥候而服事天子，故名「侯服」。因見諸言「服」者，皆是服事也。

蘇氏曰：此五百里始有諸侯，故曰侯服。

林氏曰：建侯服以封親賢，使各守其民人社稷，以爲天子之蕃衛也。

張氏曰：公、侯、伯、子、男，凡五等，止曰侯服，何也？蓋三恪之後方稱上公，謂前代異姓之後，使得守前代禮樂制度，以存其宗祀，故稱爲公，以尊其祖也。若當代之封，則皆爲諸侯耳。周制，太保爲西伯，率西方諸侯；畢公爲東伯，率東方諸侯。此蓋朝廷三公也。一公居中，二公分陝以治。侯服之不及公，所從來久矣。

百里采，

孔氏曰：侯服内之百里，供王事而已，不主一。

唐孔氏曰：采訓事，事謂役也。有役則供，不主於一，故但言采。

王氏曰：於此有采地也。

蘇氏曰：卿大夫之采地。

張氏曰：《周官》六鄉之外爲六遂，六遂之外有家邑，爲大夫之采地。小都爲卿之采地。大都，公之采地，王子弟所食邑也。與此王畿五百里之外始有采服同意。

○周制，采地在畿内，此在畿外，何也？唐虞之際，民淳事簡，封建少而土地寬，故采地在畿外。至周則封建密而分畫詳矣，采地不得不移之内也。雖然，周之采地稍縣都凡三百里，此特一百里，又何也？周建官多，唐虞之官少，而況甸三百里非皆采地，亦有公邑。此百里則皆采地耳，是故讀《禹貢》而參以《周官》，則庶乎王制之沿革可知矣。

二百里男邦，

孔氏曰：男，任也，任王者事。

唐孔氏曰：言邦者，見上下皆是諸侯之國也。

蘇氏曰：與百里采通爲二百里也。男邦，小國也。

王氏曰：於此但建男邦者，欲王畿不爲大國所逼，而小邦易獲京師之助也。

三百里諸侯。

孔氏曰：三百里同爲王者斥候，故合三爲一名。

蘇氏曰：自三百里以往，皆諸侯大國、次國也。小國在内，依天子而國。大國在外，以禦侮也。

東萊先生曰：男采在内，既足以護王畿，又去王畿近，强悍諸侯不足以陵之。此聖人制内外之輕重，不差毫末，所謂天下之勢猶持衡也。

張氏曰：其建置如此，豈有如李唐頡利引兵直至渭水，如石晉耶律引兵直至大梁之患乎？

林氏曰：輸賦税，則遠者輕而近者重；建侯邦，則遠者大而近者小。遠近、大小、輕重，莫不有法於其間，而疆理天下之制，盡於此矣。

五百里綏服。

孔氏曰：綏，安也。侯服外之五百里，安服王者之政教也。

唐孔氏曰：要服去京師已遠，王者以文教要束使服此。綏服路近，言「安服王者政教」，以示不待要束而自服也。

張氏曰：綏之爲言安也，謂以安王室爲職也。此亦諸侯耳，以其稍遠，故變名爲「綏」。欲其知此五百里内所以建諸侯者，爲安王室也。

林氏曰：王畿之外既封建諸侯之國，使之小大相維，强弱相比，以爲王室之輔矣。而其外之五百里，則接於邊陲。蓋其外則要荒之服也，故於此則設爲綏服，以爲内外之辨。此服之内所建之國、所立之制，凡欲撫安邊境、衛中國而已，故其名曰綏服。

東萊先生曰：綏服者，去王畿漸遠，不可不常存綏撫之心，故以綏爲名。又須見聖人非私於彼、加意於遠，算計見效，與近者均也。

三百里揆文教，二百里奮武衛〔一〕。

孔氏曰：揆，度也。度王者文教而行之，三百里皆同文教。外之二百里奮武衛，天子所以安。

張氏曰：三百里之内，雖去侯服未遠，然已有夷蠻之風。先王修其教，不易其

〔一〕「里」字，底本原無，據宋魏縣尉宅刻本《附釋文尚書注疏》、宋兩浙東路茶鹽司刻本《尚書正義》經文補。

俗；齊其政，不易其宜，故於綏服，不必盡行朝廷文德，第付之賢者，使揆度其所可行而教之。

王氏曰：二百里奮武衛者，以近蠻夷故也。

東萊先生曰：二百里之國而能捍數百里之蠻者，蓋因其所居，而使之守其鄉邑，則人必自盡，二百里足矣。

薛氏曰：今之邊徼，右軍旅而略文教，與此同意。

五百里要服。

孔氏曰：綏服外之五百里，要束以文教。

蘇氏曰：總其大要，法不詳也。

東萊先生曰：要服只是蠻夷，然猶近中國，故爲要約而已，不一一治之也。

張氏曰：蠻夷之性，近於禽獸，不可盡責以人道曰。何休曰：「王者之於夷狄，以不治治之。」斯言其有味矣。

三百里夷，

孔氏曰：守平常之教，事王者而已。

蘇氏曰：雜夷俗也。

王氏曰：三百里夷者，於此皆夷也。

張氏曰：夷有簡易之意，亦要束之説也。

二百里蔡。

孔氏曰：蔡，法也。法三百里而差簡。

王氏曰：蔡，放也。放罪人於此。

蘇氏曰：放有罪曰蔡。《春秋傳》曰：「殺管叔，蔡蔡叔。」蔡，素達反。

五百里荒服。

孔氏曰：要服外之五百里，言荒，又簡略。

王氏曰：荒，不治也。言不可要而治也。

林氏曰：漢班超爲西域都尉，甚得夷狄心。超被召還，任尚代之。尚謂超曰：「君侯在外國三十餘年，而小人猥承君後，宜有以誨之。」超曰：「塞外吏士，本非孝子順孫，蠻夷懷鳥獸之心，難養易敗。宜蕩佚簡易，寬小過，總大綱而已。」禹名境外之服謂之「要」、「荒」，正超所謂「蕩佚簡易」之意也。

三百里蠻，

孔氏曰：以文德蠻來之，不制以法。

唐孔氏曰：鄭云：「蠻者，聽從其俗，羈縻其人耳[一]，故云蠻，蠻之言緡。」

王肅云：「蠻，慢也，禮儀簡慢。」

林氏曰：要服三百里，謂之夷。荒服三百里，謂之蠻。蓋此乃徼外蠻夷之地也。」

〔一〕「縻」，底本原作「穈」，據宋魏縣尉宅刻本《附釋文尚書注疏》、宋兩浙東路茶鹽司刻本《尚書正義》孔穎達正義改。

二百里流，

孔氏曰：流，移也。言政教隨其俗。凡五服相距，爲方五千里。

呂氏曰：凡曰夷、曰[一]蔡、曰蠻、曰流，皆是夷狄本名，皆不必求其義。如唐之突厥、漢之冒頓，此豈有義可求？

林氏曰：要服之三百里夷，其外二百里是亦夷也，而謂之蔡；荒服之三百里蠻，其外之二百里是亦蠻也，而謂之流。蓋其外之二百里，其地爲最遠，中國之人，有積惡罪大而先王不忍殺之者，則投之於最遠之地，故於要、荒二服，取其最遠者言之，以見流放罪人於此者。其爲蠻夷之地，則蒙上之文可見也。五服之名，與其每服之內遠近詳略，皆是當時疆理天下之實迹也，故於侯服，則言其建國小大之制；至於要、荒，則言其蠻夷遠近之辨，與夫流放輕重之差，皆所以紀其實也。

[一]「曰」，底本原作「也」，據經解本、四庫本及上下文文義改。

東漸于海，西被于流沙，朔、南暨聲教，訖于四海。

孔氏曰：漸，入也。被，及也。此言五服之外皆與王者聲教而朝見。

唐孔氏曰：南北不言所至，容踰之。此言「西被于流沙」，流沙當是西境最遠者也。而《地理志》以流沙爲張掖居延澤是也，計三危在居延之西，大遠矣，《志》言非也。

王氏曰：言訖于四海，則朔南亦皆訖于海。

東萊先生曰：漸、被、暨，亦不須於一字上爲之輕重，但水患治平，自西自東，自南自北，無思不服。

林氏曰：此言九州疆界之所抵，以見其聲教之所暨也。考之上文，「海、岱惟青州」，「海、岱及淮惟徐州」，言青、徐之境東海也，故曰「東漸于海」。雍州之「弱水既西」，「弱水至于合黎，餘波入于流沙」，是雍州之界抵于流沙。揚州曰「淮、海惟揚州」，則是揚州之界抵于南海。冀州「夾右碣石入于河」，河之入海在碣石之右，則冀州之界抵于北海。故曰「朔南暨聲教，訖于四海」。朔南不言其所至者，連下文而見之也。聲教者，言文德之所及也，然下文既曰「訖于四海」，則是四方皆至于海矣，而西獨言「被于流沙」者，蓋水之西流至此而極，不見其所歸，未可以正名其爲海也，故《王制》曰「西不盡流沙，東不盡東海」，亦惟以東海對流沙也。

張氏曰：《王制》云：「西不盡流沙，南不盡衡山，東不盡東海，北不盡恒山。」今此聲教，東言海，西言流沙，朔南不言所在，以是知不止於恒山、衡山而已也。蓋四海之内，南北長，東西短，故東西皆可言其所止，而南北其際未易窮也。《中庸》曰：聲名洋溢于中國，施及蠻貊，天之所覆，地之所載，日月所照，霜露所墜，舟車所至，人力所通，凡有血氣者，莫不尊親。其此之謂歟！

○東海、流沙、衡山、恒山，九州疆界之所至也。是謂四海之内，要、荒二服則爲四海矣。朔南不言所至，舉東西以見朔南也。若夫聲教之所及，則不限以疆界之所至。言「東漸于海」，則海以東漸之矣；言「西被于流沙」，則流沙以西被之矣；言「朔南暨聲教」而繼以「訖于四海」，則朔南所暨又不至於恒、衡二山明矣。張氏引《中庸》爲説，甚當。言南北亦是。而以東西爲止於東海、流沙，則又與《中庸》未合。聖人之政令，雖自有分限，而聲猷之所聳動、光華之所覆被，蓋與天地之高明溥博一也。無垢之説，余請本之，以明其所未盡，吾徒以爲如何？

禹錫玄圭，告厥成功。

孔氏曰：玄，天色，禹功盡加於四海，故堯賜玄圭，以彰顯之。言天功成。

王氏曰：禹錫玄圭于堯，以告成功也。玄，天道也。歸功於堯，故錫玄圭。錫，與「師錫帝」、「九江納錫大龜」同義。

蘇氏曰：以五德王天下，所從來尚矣。黄帝以土，故曰黄；炎帝以火，故曰炎；禹以治水得天下，故從水而尚黑；殷人始以兵王，故從金而尚白；周人有流火之祥，故從火而尚赤〔一〕。湯用玄牡，蓋初克夏，因其舊也。《詩》云：「有客有客，亦白其馬。」是殷尚白也。帝錫禹以玄圭，爲水德之瑞，是夏尚黑也。此五德所尚之色見於經者也。

張氏曰：《考工記》云：「天謂之玄。」禹之治水，一順天理以成功，故堯錫以

〔一〕「火」字，底本原無，據經解本、四庫本及上下文文義補。

玄圭，志其功也。

林氏曰：古者交於神明必用圭璧，此是洪水既平，禹以玄圭告成功於天耳。必用玄圭者，蓋天色玄，因天事，天猶蒼璧然也。其曰錫者，下錫上亦可謂之錫之也。

東萊先生曰：禹既成功，故以玄圭贄見於舜，以告成功。古者卿大夫，以至于士，相見皆有所贄以通情，羔、鴈、幣、帛、雉之類是也。

○水患平而錫土姓，君之報功也。聲教訖四海而錫玄圭，臣之歸美以報上也。然歸美必以玄圭者，玄，天色也。圭，粹玉也。言吾君之德與天爲一，而寓誠於圭以表見之也。君無是德，而臣欲成是功，其可乎？此禹告成功之深意，而言之於敷奏之末者，亦禹之自言也。或者以爲史辭，誤矣。

○五服辨

唐孔氏曰：凡五服之别，各五百里，是王城四面，面别二千五百里。四面相距，爲方五千里也。賈逵、馬融以爲甸服之外百里至五〔二〕〔二〕百里米，特有此數，去王城千里。其侯、綏、要、荒服各五百里，是面三千里，相距爲方六千里。鄭玄以爲五服服别五百里是堯之舊制，及禹弼之，每服之間更增五百里，面别至于五十里，相距爲方萬里。司馬遷與孔意同，王肅亦以爲然，故肅注此云：「賈、馬既失其實〔三〕，鄭玄尤不然矣。」禹之功在平治山川，不在拓境廣土，土地之廣三倍於堯，而書傳無稱也，則鄭玄創造，難可據信。漢之孝武，疲弊中國，甘心夷狄，天下户口至減大半，然後僅開緣邊之郡而已。禹方憂洪水，三過其門不入，未暇以征伐爲事，且其所以爲服之名，輕重顛倒，遠近失所，難得而通矣。先王規方千里以爲甸服，其餘

〔一〕「外百」、「五」三字，底本原闕，據四庫本、宋兩浙東路茶鹽司刻本《尚書正義》經文「二百里流」下孔穎達正義補。

〔二〕按，底本此下至書末闕版，四庫本於標題《五服辨》下注曰：「案，以下刻本所闕，今從《永樂大典》原本增入。」今據四庫本補入。

〔三〕「失」，四庫本原作「去」，據宋魏縣尉宅刻本《附釋文尚書注疏》、宋兩浙東路茶鹽司刻本《尚書正義》經文「二百里流」下孔穎達正義改。

均分之公、侯、伯、子、男，使各有寰宇，而使甸服之外諸侯入禾藁，非其義也。史遷之旨，蓋得之矣，是同于孔也。若然，《周禮》王畿之外别有九服，服别五百里，是爲方萬里，復以何故三倍于堯？又《地理志》言漢之土境，東西九千三百二里，南北萬三千三百六十八里，驗其所言山川，不出《禹貢》之域[一]。山川戴地，古今必同，而得里數異者，堯與周、漢，其地一也。《尚書》所言，據其虚空鳥路，方直而計之。《漢書》所言，乃謂著地人迹，屈曲而量之[二]，所以數不同也。故王肅上篇注云：「方五千里者，直方之數，若其迴邪委曲，動有倍加之較。」是言經指直方之數，漢據迴邪之道，有九服、五服，之地雖同[三]，王者革易，自相變改其法，不

〔一〕「域」，四庫本原作「書」，據墨海本及宋魏縣尉宅刻本《附釋文尚書注疏》、宋兩浙東路茶鹽司刻本《尚書正義》經文「二百里流」下孔穎達正義改。

〔二〕「屈曲」，四庫本原作「屈重」，據墨海本及宋魏縣尉宅刻本《附釋文尚書注疏》、宋兩浙東路茶鹽司刻本《尚書正義》經文「二百里流」下孔穎達正義改。

〔三〕「之地」，宋魏縣尉宅刻本《附釋文尚書注疏》、宋兩浙東路茶鹽司刻本《尚書正義》經文「二百里流」下孔穎達正義作「其地」。

改其地也。鄭玄不言禹變堯法，乃云地倍于堯，故王肅所以難之。《王制》云「西不盡流沙，東不盡東海，南不盡衡山，北不盡恒山，凡四海之内，斷長補短，方三千里」者，彼自言不盡，明未至遠界，且《王制》漢世爲之，不可與經合也。

葉氏曰：禹制五服，每服率五百里，而王畿甸服在其内，則一方爲二千五百里，東西南北相距各五千里，此所謂「弼成五服，至于五千」者也。至周而益爲九畿，每畿亦五百里，而王畿又不在内，則一方爲五千里，南北東西各萬里。周之地果如是廣乎？學者求其説而不得，故鄭玄以堯舊服五千里，至禹治水之後又增其倍，是詭謂《禹貢》爲舊服所增之數，以與周制合之，謂周公攝政，斥大九州之境，故五等諸侯之封，大者增其五之四，小者增其十之五。此其矯妄不經，無所取信。余以《周官》大司馬「九州之籍」考之，方千里曰國畿，其外亦皆以方言。方者，謂四方也。四方環之爲千里，徑數之每方當止爲二百五十里，則周之畿爲儉于禹矣。所以然者，天下之事至周而加詳，則朝聘會同之節、貢賦税斂之法，不得不審。

林氏曰：前所言者，九州之山澤川浸，與夫田賦貢篚之詳，纖悉盡之，而其所以疆界天下，以爲京師、諸侯、夷狄之别者，猶未之盡也，於是遂言五服遠近之制。《周官·職方氏》：「辨九州之國，使同貫利，自東南曰揚州。」至其「穀宜五種」，既列序九州之詳，乃繼之曰「辨九服之邦國，自方千里曰王畿」，以下遂言其所以爲九服者。此蓋倣《禹貢》書而爲之也。然其所記載，則有不同者。此篇自甸服至於荒服，每面二千五百里，四面相距，爲方五千里。《職方氏》方千里爲王畿，王畿之外爲九服，每服亦以五百里爲率，并王畿而數之，則有萬里之數，故諸儒疑焉。或以謂周公斥大境土，其地倍於堯、禹之世，此蓋未嘗深考。此二書之所載，徒見其所序者，皆以五百里爲言，遂從而爲之説耳。禹之五服，與《職方氏》之九服，所謂五百里者，《職方氏》則自其兩面相方而數之，惟禹之王畿在五服之内，而自其一面而數之。故禹之五服，自畿服至于荒服，每面二千五百里，四面相距，爲方五千里。至于《職方氏》，王畿不在九服之内，而以二面相方而數之，故九服之内，有方千里之王畿，王畿之外每面二百五十里，二面相方，爲方五百里之侯服，侯服之外每面二百五十里，二面相方，爲方五百里[一]之甸服，故自王畿之外至於藩服，每面二千七百五十里，四面相距，各爲五千五百里。其所以增於《禹貢》者，但有五百里耳，安得萬里之數邪？《漢地理志》云：「漢之境土，東西九千三百二十里，南北萬三千三百六十八里。」則是漢之輿地，不啻萬里。故言周之九服有萬里者，往往推此以爲據。唐孔氏曰：「漢之山川不出《禹貢》之域[二]，山川載地[三]，古今必同，而得里數異者，堯與周、漢[四]，其地一也，《尚書》所言，據虚空鳥路，方直而計之；《漢書》所言，乃謂著地人迹，屈曲而量之，所以其數不同也。」唐孔氏此説，其謂堯與周、漢，其地一也，此誠確論。若以虚空鳥路方直而計里數，則古無此理。以某觀之，山川不出《禹貢》分域，而得有里數倍加者，古今之尺不同耳。

〔一〕「之侯服侯服之外每面二百五十里二面相方爲方五百里」二十三字，四庫本原無，據毛氏汲古閣鈔本林氏《尚書全解》補。

〔二〕「出」，四庫本原作「在」，據墨海本及毛氏汲古閣鈔本林氏《尚書全解》改。

〔三〕「載」，四庫本原作「戴」，據墨海本及毛氏汲古閣鈔本林氏《尚書全解》改。

〔四〕「與」，四庫本原作「禹」，據墨海本及毛氏汲古閣鈔本林氏《尚書全解》改。

《王制》曰：「古者以周尺八尺爲步，今以周尺六尺四寸爲步。古者百畝，當今東田百四十六畝三十步〔一〕；古者百里，當今百二十一里六十步四尺二寸二分。」蓋古今步尺〔二〕，長短盈縮，隨世不同，故其里數廣狹亦異。此《王制》所載，但是自周初至于戰國，數百年間而其所差已如此。竊謂《職方氏》之九服所謂五千里者，即《禹貢》五服所謂五千里。漢之山川，除武帝開闢四夷所載武威、酒泉、南海、蒼梧數十郡之外，其他州郡皆《禹貢》五服之地。禹之聲教東漸于海，西被于流沙，「朔南暨聲教，訖于四海」，是其要荒之所暨，則皆已至于極邊之地，縱使後世人君能于《禹貢》五服之外開拓邊境，其所得者，不過磽确不毛之地，得之無所益，失之無所損者。周公曰：「其克詰爾戎兵，以陟禹之迹。方行天下，至於海表，罔有不服。」所貴乎「詰戎兵」者〔三〕，不過陟禹之迹而已。其或甘心于禹迹之外、以開

〔一〕「田百」，四庫本原作「南北」，據墨海本及毛氏汲古閣鈔本林氏《尚書全解》改。

〔二〕「步尺」，四庫本原作「令尺」，據墨海本及毛氏汲古閣鈔本林氏《尚書全解》改。

〔三〕「貴」，四庫本原作「貢」，據墨海本及毛氏汲古閣鈔本林氏《尚書全解》改。

拓邊境增廣分域者，是皆出於好大喜功而爲之也。故王者之疆理天下，將欲制爲京師、諸夏、夷狄之辨者，當以《禹貢》之書爲正。

〇按，周制王畿地方千里，而班固《地理志》言：「雒邑與宗周通封畿，地東西長而南北短，短長相覆爲千里〔二〕。」顔師古釋之曰：「宗周，鎬京也，方八百里，八八六十四，爲方百里者六十四。雒邑，成周也，方六百里，六六三十六，爲方百里者三十六。二都得百里者百，方千里也。」余以周公營雒之制攷之，王城爲東都，雒陽爲下都，皆畿内地也。平王東遷，即東都也，豈侵諸侯之域哉？由是觀之，見班氏、顔氏之言不誣也。或曰：邦畿千里，謂方千里也，今而曰短長爲千里，則開方之法非邪？曰：凡古之制畿封國，皆以開方言者，直圖籍記畫之體然耳。要其度地部封，大抵皆因地勢所宜而制其境，不必皆正方也。堯都平陽，雖在南河之北，而其畿所通，當越河而南者多矣。如其必以冀州千里正方爲畿，則林氏之所疑者當不可釋，而先王疆理之政竟爲不可通耶？此學所繫非小，正儒者所宜用心，宜相與

〔二〕「短」字，四庫本原無，據墨海本及《漢書·地理志》補。

共推之，不可畏其難而以爲不必論也。予請試言之：鎬京與雒邑通封疆，周畿之制也；南亳與西亳通封疆，商畿之制也。豈二代創爲此哉？宅中而正，從古然也。故堯都平陽，而甸、侯、綏三服四面各千有五百里。非其畿内越河以洛爲朝會之地，則何由而得方三千里之中乎？林氏之致疑于此，好學莫加焉。請試釋以予之説，則是非之定否，當必有決之者矣。

○林氏曰：「先王疆理天下，以綏服二百里爲奮武衛之地，謹華夏之辨，此真萬代不易之法也。」林氏此論當矣。而余觀其論《舜典》所謂「蠻夷猾夏」，則曰：「此非境外之蠻夷。舜之世，九州之内蓋有蠻夷，與吾民錯居境内，冀、揚州之島夷，青州之萊夷，徐州之淮夷，梁州之和夷是也。惟其與吾民雜居之境内，而能肆爲侵暴，以爲吾民之害。于是使皋陶辨華夷内外之分，以法繩治，而特取其尤桀黠者而誅之耳。」夫先王謹華夷之辨，見於「綏服奮武衛」之制，截然不可侵紊如此。顧何從而有境内之夷乎？林氏之説，自相矛盾如此。蓋見春秋以來中國有戎，故雜疑信之心，而或爲是説焉耳。程氏之論，大抵牽强支離，與經不合，則由其五服之制講之未明故也。學者知林氏之失，則知程氏之失。

吴氏曰：據《禹貢》五服之制，九州之内止方五千里。嘗稽之《王制》，古者百里，當今百有二十一里。今謂漢也，是《禹貢》五千里之制，即漢之六千里也。況五服之制，據方里而言。合以東西四正爲據，當時堯都平陽，正東至東萊之海，方二千八百里；正西至張掖之流沙，方三千三百里，是僅可以滿五服之制也。兩漢九千里之制，則以遼東之海與燉煌之流沙而言也，而遼東在東北隅，燉煌在西南隅，非其正也。夫正方一尺者，衺之而度其兩隅，則爲尺有四寸而赢，則五服之制，舉其隅而度之，宜其九千里也。漢制南北萬三千餘里者，舉朔方日南而言也，而《禹貢》所届，正南止及衡山之陽，而日南又在衡山之南八千餘里，非禹迹所及也。至平陽之北，不盈千里，已爲戎狄之地。是五服之制唯東西南三方爲然，北方僅滿二服而已。潁達鳥道之説甚巧，傳失其據矣。嗟乎！古先哲王爲天下後世之慮，何其審也！夫九州之地，四正雖近，四隅實遥，非不知舉其隅、計其道里之遠，足爲大矣。五服之制乃舉其近而略其遠，何哉？蓋不欲以一時廣大之名，啓後世無厭之禍，所以詒孫謀以正也。惜乎，秦漢以還，好大之君以廣斥土宇爲功，而紀録之臣又從而恢張之，是豈堯、禹之用心乎？嗚呼戒哉！

○《王制》言「四海之内方三千里」，正與孟子所謂「海内之地方千里者九」同也，較之《禹貢》，止得爲三服，而要、荒實爲九州之外甚明也。觀《禹貢》所叙九州之境，自亦可見。「海岱惟徐州」〔一〕，東至海也。導弱水，至流沙而止；導黑水，逕三危而南。三危、流沙，地嚮正爲相北。今而曰「黑水西河惟雍州」，則是西至流沙無疑也。「荆及衡陽惟荆州」，南至衡山也。冀州雖不言所至，而治水極於恒、衛，恒水出恒山〔二〕，衛水又出其南耳，則是北至恒山無疑也。以此細攷，則九州之内止三服，而要、荒實在九州之外，所以别其爲夷蠻也。吴氏以九州之内方五千里，誤矣。漢以來，道理殊絶，非惟尺步不同，而屈曲方直，所量亦異。又要、荒之外有所增闢，宜其不與《禹貢》《孟子》《王制》合也。吴氏之説，大抵支離未當，余故一爲決之。

〔一〕「徐州」，四庫本原作「得州」，據墨海本及《禹貢》經文改。

〔二〕「恒水」，四庫本原作「恒山」，據墨海本及上下文文義改。

○九州辨

林氏曰：此篇既言九州山川分域〔一〕，又及夫五服疆理、内外之辨，末乃九州境界之所抵〔二〕。先後彼此，互相發明，至纖至悉，可謂無餘藴矣。某嘗以斯言考其疆理天下之制，而參以《王制》之所載，則誠有可疑于其間。《王制》曰：「自恒山至於南河，千里而近；冀州。自南河至於江，千里而近；豫州。自江至於衡山，千里而遥；荆州。自東河至於西河，千里而近；亦冀州。自東河至於東海，千里而遥；徐州。自西河至於流沙，千里而遥。雍州。西不盡流沙，南不盡衡山，東不盡東海，北不盡恒山，凡四海之内，斷長補短，方三千里。」則是九州之地方三千里也。五服之制，王城之外每面五百里爲甸服，又其外五百里爲侯服，又其外五百里爲綏服。自甸服至綏服，每面一千五百里，四面相距，爲方三千里。此九州之地也。以天下之

〔一〕「山川」，四庫本原作「九川」，據墨海本及毛氏汲古閣鈔本林氏《尚書全解》改。
〔二〕「末乃」下，毛氏汲古閣鈔本林氏《尚書全解》有「言」字，於義較通。

輿地，分爲五服，則是自甸服至綏服，九州之内也。要、荒二服，則在九州之外，此五服之制也。然以九州四面之所距而考之，則不能無疑焉。自恒山至於南河千里，東河至於西河千里，此蓋畿内之千里，即甸服也。自東河至於東海千里，自西河至於流沙千里，此千里之地，建五百里之侯服，又建五百里之綏服。而東海、流沙之外則爲要、荒服。今夫經之所載，至於南北則有盈縮焉。以北考之，冀州之北距於恒山，則已接於邊陲矣，其何以容五百里之侯服？又何以容五百里之綏服？又何以容五百里之甸服耶？以南考之，自南河至於江千里，則已建侯服、綏服矣；自江至於衡山千里，則要、荒二服，蓋已在九州之内；而自衡山至於南海，蓋又有千里之地。五服之制，至衡山則已盡矣，而揚州之境南距於海者，猶未之盡也。以南言之，則太贏；以北言之，則太縮。此實某之所深考而未知其説也。夫禹之功，萬世永賴，與天地同垂於不朽，其書之傳，所以爲法於萬世，則其制度不容如是之差。意其必有所乘除相補，以爲疆理天下之定制，某淺陋，未足以知此，請闕之。

吕氏曰：禹别四海爲九州，宜若有均一之制，而較其道理廣狹，全不相侔。濟、河兖、海岱及淮徐，相去不能千里。荆河豫千里而贏，海岱青千有五百里而縮。荆山、衡陽荆二千里而遥，東海、西河冀三千里而近。壽春之淮、潮陽之海揚，相去且六千里；龍門之黄河、燉煌之黑水雍，相去以四千里。以至華陽黑水梁，窮數千里而未知所經，是何廣狹之殊也。或者九州之别，品殊墳壤，因土宜而别之也。故其道里，無得而均。然而荆、河、淮、濟之間，徐、兖、豫三州之境也。截長補短，不能當淮海一州之半。借使三州土壤既殊，不可得而并，揚州之大，獨不可得而鳌耶？古今名儒，訓釋《禹貢》多矣，而未始及此，蓋難言之也。竊嘗計之，九州之别，蓋倣井田之法，井田之法，始於黄帝。方里而井，井九百畝，中爲公田，八家皆私百畝，同養公田。而九州之制，一州爲王畿〔一〕，八州建國〔二〕，以蕃王室，是同養公田之義也。故其區别境壤，不因土宇之小大，不限山川之間阻，唯據民田多寡而均之耳。然而四海之内，夷險不齊，如荆、河、淮、濟之間，百舍坦夷，萬頃一瞬，而又當中原要區，民力脩，地利盡，良疇既闢，曠土實稀。故三州徐、兖、豫境

〔一〕「一州」二字，四庫本原無，據墨海本及上下文文義補。

〔二〕「八州建國」下，四庫本原有「以國」二字，據墨海本及上下文文義删。

土最爲狹也。至淮、漢以南，揚州淮南，荆州荆、漢。函、劍以西，雍州在函谷之西，梁州在劍閣之西。江湖泛濫，關山重複，而又僻在遐陬，闊疏稼政，年土益寡，墾田是艱，故四州境土最爲闢也。嘗考西漢之時，去古未遠，方其極盛，九有民户，總計千二百餘萬，而徐、兖、豫三州，當五百五十餘萬户，青、冀二州，當三百五十萬户，而荆、揚、豫、梁四州，僅當三百萬户，夫民非穀不生，穀非民不殖，推其户口之多寡，足以見田疇之廣狹，據今驗古，大略可知。則九州之别，惟民田是均，斷可考矣。

〇吴氏謂九州之别，民田是均，此誠禹制然也。但論揚州之境太遠，不知其有要、荒之限耳。夫荆州之境，南不盡衡山，則會稽以南之境，宜亦非揚州所有，考禹之巡狩可知也。

附録

一、杏溪先生詩稿[一]

贈吴叔明

我富群書考，君饒万頃田。與君换不得，此事總由天。

［一］載於《義烏青巖傅氏宗譜》，傅典彝主修，民國十四年重修本。又見《金華宗譜文獻集成》，第四册，上海古籍出版社，二〇一三年版。

題雲峰窗前木折

窗前一株樹，忽被風吹折。日減半窗陰，夜添一輪月。

金陵懷古

細看鍾山與石頭，金陵真是帝王州。六朝有恨憑誰洗，江水無情空自流。

鳳凰晚眺

雲黯遥岑雨水停，東風又送晚潮平。江船塞斷秦淮路，盡是縈牽利與名。

憶草堂

我年六十六，乃卜泉村居。而今跨二載，忽忽歲已除。交情似不惡，風味亦有餘。但我薄衰晚，白髮顯頭顱。百事賴應酬，閉門唯讀書。古詞幾累百，自彈還自吁。兒曹頗知敬，釃酒温一壺。饔人殺甚菲，但有銀花魚。一醉亦足矣，利名休區區。布衾烘已暖，老婦不敢呼。念我愛工部，詩思深相孚。妙句入夢寐，恍若聞笙竿。翁遊知幾世，精爽命何如。九原如可作，試看騎蹇驢。

歲朝吟

我年六十六，百事都諳足。惟有未讀書，每日須旋讀。第一養吾心，第二省他欲。渴乃喚茶來，饑則催飯熟。酒好聊暖脾，飯軟却充腹。行行方沼邊，且得避塵俗。灑落數枝梅，蕭條幾竿竹。只此福難消，何須更問卜？

知足

天監良善，佑及同叔。景迫桑榆，六十有六。當閑暇時，安享静福。由己觀之，千足萬足。惟有古書，多未過目。白髮蒼顔，孜孜誦讀。硯旬兩滌，筆月三秃。不比他人，心在鴻鵠。此作生涯，有何榮辱。吾子吾孫，吾欲汝玉。

冬節

造化本無心，何須問太鈞。一陽纔轉節，萬物自生春。玉點梅林潤，藍勻麥隴新。人生亦如此，恰喜值良辰。

臘月探梅

寒力無端日漸加，江天作計换年華。矩窗伴我遮風飲，檢點梅梢三兩花。

歲朝把筆

我又新年添一年，自誇安樂是神仙。雪花妬我猶年少，特特飛來點鬢邊。

尋蘭

爲愛芳蘭竟日尋，隨宜觴豆快春心。歸來煙淡山横處，數畝芹花如散金。

探梅

擕杖山中試問梅，不知梅已十分開。徘徊花下爲盟語，待我明朝載酒來。

開酒

畏病停杯亦壯哉，近番誰使酒頻開？只因去上黄堂壽，引得金華風月來。

自笑

老來轉覺世情難，僕僕曾無一日閑。自笑勞生成底事，謾贏白髮與蒼顔。

詠梅

牕前咫尺有梅花，飽挹清香屬自家。最是月明深夜裏，恍如飛雪亂交加。

壽吴判院

畫閣朱樓雲淡濃，仙娥如在幾重宫。也應日對仙翁飲，但與人間樂不同。

歲除

人皆忙裏度年華，淡静工夫我獨加。剩喜山妻知此意，相隨竹外看梅花。

偶成

老卜新居越棣清，了無一事更關情。倚闌獨坐人惟静，聽得泠泠澗水聲。

夜深聽泉

但把詩書老此身，管他人世不知音。三杯一飲黄昏後，坐聽泉聲似奏琴。

清趣

老來清健更清貧，清坐清齋對故人。清飲清吟夜將丙，清晨清氣快精神。

安居

環堵蓬蒿齋，蕭蕭僅容膝。百感不勞形，萬善總交集。素志本無爲，心安身自逸。雲山四蒼蒼，谷風來習習。慰我平生懷，服之矢靡斁。

二、杏溪先生傳[一]

〔宋〕朱倧

先生諱寅，字同叔，世居義邑雙林鄉。雙林有古刹，實爲先生家傅大士之精舍。今之通邑傅姓數千家，皆其派云。先生曾大父榮，大父滂，父孝儼，妣夫人樓氏。大愚吕先生祖儉嘗爲先生父府君墓銘。其先世潛德不彰。先生生紹興戊辰，娶王氏，子男七人：大川、大有、普孫、大原、蘭孫、大逵。蘭孫少從大士之徒。女二人，適朱巖、何茂。孫九人：光祖、揚祖、洪祖、顯祖、昌祖、潛祖、渭祖、愛祖、清祖。孫女六人。以嘉靖[二]乙亥八年九月廿五日終於家，享年六十有八，明年十二月十二日葬於東陽懷德鄉西溪之原，去泉村二里許。

初，先生之母夫人禱於石姆山而孕。先生既生，骨秀神聳，幼有器識。好讀書，

〔一〕原載於《義烏青巖傳氏宗譜》，傳典彝主修，民國十四年重修本。又見《金華宗譜文獻集成》，第四册，上海古籍出版社，二〇一三年版。

〔二〕按，宋無嘉靖年號，當爲嘉定之誤。

晝夜不倦，嘗與群兒行道間，遇鄉之先生月堂朱公。群兒咸避去，獨先生趨而立。月堂異之。稍長，從説齋先生唐公仲友遊，凡所質疑問難，皆有援據，必反覆詳稽乃已。説齋喜曰：「子，吾益友也。」及聞其升陑分陜之説，語門人曰：「職方、地輿，盡在同叔腹中矣。」先生益不自休，恐未明其理。每之野，雖山翁老農亦無所不訪，問其館，吴氏義學也。聞有村民某翁者，舊嘗遇異人，知星曆，推日月蝕良驗。一日踵其門，勿遇，徑入其室，得其書，挈之以歸。明日，叟挾杖來，索書甚怒。先生敬謝之，遂傳其學。

其後與里人朱誾純叔遍遊江淮，求六朝故迹，觀江南形勝，退而驗之史牒，問諸故老，求其所以廢興成敗之故。由是天文地理默識旁通，與夫六經所載明堂、封建、井田、樂律、兵制、尺步之類，群疑轇轕，世儒置而不講者，窮核原委，辨訛謬，部居彪列，事爲一圖，盡究衆説而斷以己意，名之曰《群書百考》。所以曉人如指諸掌，有所未達，曲譬詳閲，期於必曉。蓋先生於學，殆若宿悟，而又資取甚博，參驗甚精，要其歸宿，必使之於義理相發明而後止。其教人亦然。以爲下學上達，自有次第，廣大精微之妙，寓於制度，文爲之粗。不先其小者、近者，而驟語以大者、遠者，後生淺薄，學益不實，故於小學尤所留意。謂世之教童蒙者，强以記誦，而不導之以訓義，久益廢忘，非教也。惟優游涵養，就其耳聞目見者指誘之，久則倫類自通，興於義，樂於學矣。嘗舉杜工部詩「隨風潛入夜，潤物細無聲」二語，以爲此乃教小兒法也。有來學者，必先授以《曲禮》《内則》《少儀》《鄉黨》諸篇，及制度則必曉之以器物，如明堂則以工匠之規矩丈尺爲準，井田則必指田畫畝爲驗，他皆類此。雖義理之説，則必以日用實事證之，故經先生指畫者，皆實學可措諸用。惟不喜人讀兵書，曰：「胸次未有《論語》《孟子》爲權衡，遽聞詭詐之説，則先入者爲主，害心術矣。」朱晦翁先生自婺親造其廬，相與討論者彌月，後因名其塘曰稽亭。

鄰鄉有以右科魁大庭者，士争尚之。先生憂形於色，曰：「士習之壞，自此始矣。有欲習舉子業者，必使之博觀經史，聞見既多，義理自通，然後於文爲有用。」或笑先生，以爲今得官，安用此？先生曰：「學問，根本也。文章，枝葉也。根本不壯，枝葉自茂者，未之有也。吾始緩其利禄之心，飽以古今之書，不惟涵養德性、變化氣質，而課試之文，亦何以加此？」聞者乃信服，前後從遊蓋數百人，皆爲純實之士，顯用咸有幹濟。

先生事親至孝，家雖貧而喪必誠必信，銘章哀詩必得世之聞人以爲親榮，鄉閭稱美。處兄弟子姪均一無間。親朋饋遺必分給之。自猶子定以下，悉自課督，嚴而和，愛而不阿。又遣定實從晦翁朱先生遊，能以其學歸與諸弟共講。先生亦爲之慰。處鄉黨，尤有恩意，日與田夫野老相爾汝，故能無町畦。又作俚語，誘導之爲善人，人愛敬之。待僮僕未嘗呵叱。每出入，必與同甘苦，曰：「彼亦人耳，以人道使人，理當如此。」鄉里有事，必身任之。家常當里長，當督輸，自往白縣，請給三限。人感其誠，如期而集。力不能輸者至，以代輸。其後負者火，其券弗取。所居有石姥坊，既圮，率衆更新之。縣官以舊額督各錢，民相糾攬無寧歲。秘監王公摘來爲縣丞，先生爲言其故，減其舊額之二三，令自相認十家爲率，三歲一升降，至今便之。縣官之賢者至，必造先生之閭而問政焉。先生每告之以仁厚慈惠之道，然非公事，不至官府。王公秩滿來別公，曰：「吾丞珂鄉，凡朋友鮮不囑以私，君獨無有，吾不敢忘德。」侍郎孟公猷之守婺也，招先生教二子，親故或以私來請，先生絶不報。久之，歎曰：「吾居鄉之日多，居館之日少，吾豈可以一館失平生親舊歟？」遂去之。孟公弗能留也。

與人交，必有終始，不妄讐人，亦不輕絶人。常頌邵堯夫語曰：「與不善人交，既相親，不可遽舍。與善人交，未相親，不可急合。」其館吴氏，與沅倅馬公之純善相與，學星曆。館孫氏，與國録沈公焕交益，講義理。其後出見大愚先生，一見意合，得先生《禹貢考》，喜曰：「是書可謂集先儒之大成矣。」模其圖，置座，請先生申其説，命諸生環坐以聽，且曰：「讀書欲求益而已，某嘗以所能者教人，所不能者受教於人，理之所在，初無彼此。」先生亦樂爲之盡，亹亹不倦。自是往來益密。既而大愚先生官於朝，數稱先生於公卿間，以爲「讀書精苦，有古國士之風」。西坡黄公灝爲泰常主簿首，虚席致之。諸公聞聲，咸願納交。餘如汪公逵、黄公度、彭公龜年、張公穎、吴公獵，皆一時聞人，争相推敬。黄公常與諸公謀曰：「異時吾儕當奏補以官。」知先生不可屈，乃止。與西坡相從最久。賓主之間，惟以義理相箴切，不爲無益語。他所與遊，亦多當世顯人，至其爲臺諫，爲執政，則絶不與通問，曰：「此是悔吝之地，君子宜遠也。」端明戴公溪之主閩學而還也，親踵先生之廬，曰：「昔季札之見子産，如舊相識，與之縞帶。溪也有不腆之幣以贄。」

其見愛慕如此。大愚先生既南還，時論一變，同時諸公相繼放逐，而先生亦杜門不復出矣。大愚嘗貽書云：「他日倘得生還，與同叔訂證古書於林泉間，足矣。」先生終身悲之。

先生喜爲詩，諷詠不離口，時時感物述懷，操筆立就，不加雕琢，而閑逸古淡，語意自足，有陶靖節、邵康節之風焉。大愚先生得先生《歲朝吟》，歎詠不已，以書復先生曰：「雪寒自許，愈見高勁。」先生自吟其詩，音節抑揚，意多感觸，聽者爲之慨歎，一時工詩者反自爲不及也。尤其飲酒，少飲輒醉，醒則復飲。客至無貴賤，輒留必盡歡乃止。退且陶然，不知世之有人己之有軀也。暮年尤以此自娱，而終不以貧病。素不治生業，家累近三百指，以筆耕當古百畝。得錢輒買書，語家人曰：「此爲吾子孫買田宅也。」西坡爲浙右常平使時，遺以錢五十萬，先生一切散之，以及宗族鄉人，無留者。晚益貧，孟公守婺，歎曰：「使賢者饑餓於我土地，吾恥之。」會有在官鄉人議，率爲先生買之。今湖南憲使孫公初，與先生之外兄藥局吴公察，首倡其事。天台使君康公仲穎從而贊之，而孟公亦捐囊，以共助其費。先生始有田宅。未幾，今京口使君邱公壽雋實來爲郡，而又陳公貴誠、王公定令佐、趙公崇巖在幕府，皆推重先生，相與維持之，先生始得安其田廬，可以少逸。其老而不幸死矣。死之前十餘日入邑，盡訪常所往來，若相訣别者。歸則卻酒蔬食，時時澡浴以自潔。病則卻藥，危坐，猶作《捕蝗詩》，屬纊時，墨猶未乾也。

嗚呼！世之爲刑名度數之學者多，率皆牽合附會，或支詞繁濫，未有補於義理、實證如先生者。然以先生之學，精深刻苦，疑失之拘；而胸次灑落，無所凝滯，如晉宋間人，酒栝流行，不立彼我；疑失之放，而居家處鄉，篤厚周謹，持身有法，不自處於繩墨之外，所謂達士醇儒，先生兼有之。古之鄉先生歿，祭於社，逸民篤行，傳於青史，先生其人歟！是宜次其行事，上之朝廷，録其遺書，納之秘府也。不才何敢任此，而大川以倞從先生久，知先生爲詳，俾叙其言行爲傳，義不可辭也。先生有詩十卷，《群書百考》亦爲十卷，《春秋解》二卷，諸子方次比之，且修其學，而大川尤敏愨有父風，所以顯揚其親者，將於是乎在。

進士第迪功郎紹興府諸暨縣丞門人朱倞百拜撰。

三、杏溪祠堂記〔一〕

〔元〕黄溍

杏溪祠堂者，鄉先生傅公之祠也。先生諱寅，字同叔，幼嗜學，經史百家，悉能成誦。比長，益求異書而讀之。間從説齋唐公質疑問難，皆有援據可反復，説齋喜曰：「吾益友也。」及聞其升陑分陝之説，語門人曰：「職方、輿地，盡在同叔腹中矣。」先生於天文、地理、明堂、封建、井田、律曆、兵制之類，世儒置而不講者，靡不窮究根穴，訂其譌謬，資取甚博，參驗甚精。事爲一圖，累至於百，號曰《群書百考》。大愚吕公閲其《禹貢圖考》曰：「是書可謂集先儒之大成矣。」揭其圖，請申言之，而坐諸生以聽，且曰：「以所能者教人，所不能者受教於人，理之所在，初無彼此。」先生亦樂爲之盡，亹亹不倦。

先生於《文中子》「人不里居，地不井授，終苟道」一章，屢歎息而言：《周禮》太平之書，於時九等授田，家給人足，泉府之設，特以備凶荒，未必常用也。況是

〔一〕原載於元刊本《金華黄先生文集》卷一四。

書體有本末，用有先後，若大綱不舉，而獨行所謂國服爲息者，是猶取名方中百品之一而服之，及其害人，則曰：是藥出於名方云爾。常恨熙寧諸賢，未有如此辯之者。故百考之書，於成周之授地賦兵、封國制軍、增地制域、畝步溝洫、稼穡貢賦特詳焉。亦足見先生之學，可措於實用，而非虚談矣。先生又嘗遍遊江淮，縱觀六朝故迹、南北形勝，詢諸故老，質諸史諜，而得其成敗廢興之故，歷歷如指諸掌，是豈徒以登臨之適爲快也哉？先生之教人，每謂下學上達，自有次第。不先其近者小者，而驟語其遠者大者，後生淺薄，學益不實，故於小學，尤所留意。來學者恒以百數，必先授以《曲禮》《内則》《少儀》《鄉黨》諸篇，使於日用之間，與義理相發明，而知道之與器未始相離也。先生論古軍制，纖悉備具，而不欲人讀兵書，曰：「胸中無《論語》《孟子》爲權衡，遽聞譎詐之言，則先入者爲主，害心術矣。」此先生之所學，與所以教之大方也。

先生世居婺之義烏，父孝儼，篤行君子；母樓氏，禱於石姥山而生先生。骨秀神聳，蚤有器識，事親孝謹，處兄弟子姪，均一無間。鄉閭有事，輒以身任之。非公事不至官府，縣長吏之賢者必造而問政，言無所隱。人有陰被其賜而不知者。

里居之日，與馬公師文、孫公居敬爲同志。永嘉戴公少望，聞先生名，奉贄願交。大愚在朝行，數稱先生之文學行義。彭公子壽、章公茂獻、葉公正則、吴公德夫、汪公季路、黄公文叔、黄公商伯，無不推敬，文叔欲與同列奏補以官，知先生不可屈乃止。惟館於商伯最久，賓主之間，日以義利相箴切，不爲無益語。它所與遊，亦皆顯人，至其爲臺諫，爲執政，則絶不與通。

先生既不有仕禄，又不屑治生業，商伯持浙西庾節，遺以錢五十萬，先生悉散於宗族鄰里，一無所留。晚益貧，郡守孟公聞而歎曰：「不可使賢者飢餓於我土地。」乃輟俸貲，倡其親友爲買田築室於東陽之泉村，而先生遂爲東陽人。於是大愚及一時名公皆在黨籍，相繼放逐，先生亦杜門不復出矣。

先生好爲詩，閑遠古淡，有陶靖節、邵康節之風焉。子七人，皆克紹其家學。大東尤敦慤，克肖其德。大原試漕闈，爲本經第一。先生既遣猶子定受業朱文公之門，得其微言奥旨，歸於諸弟共講。而大原亦從慈湖楊公遊，楊公亟稱之。程子謂君子教人有序，非先傳以近者、小者，而後不教以遠者、大者。先生之所以教，皆程子之遺意也。先生年六十有八，以嘉定八年卒於家。後百二十年，曾孫師蒙、師佐，懼人易而世疏，乃即家建祠，歲時以享祀燕私，合其族。祭主於先生者，始遷之祖也。上援其父者，明有所本也；下及其子者，示有所傳也。堂成於重紀至元之二年，師蒙已卒，因以侑食。堂，師蒙作也。祠室堂軒，爲間者三，翼以齋廬，爲間者六，有田三十畝。子孫更掌之，以供祠事。師蒙兄子似翁將圖其永久，爰以狀來謁記，且曰：「祠之作，本以寓子孫追遠之意。而邑之士友以爲，古者鄉先生没，則祠於社，其禮久闕弗講，乃相率爲文以祭，宜牽聯得書。湣序其興作，而首著先生學術源流之懿者，庶幾後人知所矜式也。來者能聞風而興起焉，則是祠也有功於名教甚大，奚止可以合其族而已？」乃如其言，併書之。

四、弔杏溪先生挽章四首[一]

其一

〔宋〕吕應焱

學究乾坤奥，聲名世共知。撑腸三萬卷，遺興百篇詩。節概窮彌壯，精神老不衰。著書驚絶筆，後學孰宗師。愧我蓬蒿質，承公師誨諄。劇談千古事，和氣一團春。昔作升堂子，今爲築室人。儀型如在目，可續百其身。

其二

〔宋〕康仲穎

輿地蟠胸次，占天轉目中。器形寧固滯，微妙總流通。宇宙無窮處，山林一老翁。世間好書癖，肯與腐儒同。

〔一〕原載於《義烏青巖傅氏宗譜》，傅典彝主修，民國十四年重修本。又見《金華宗譜文獻集成》，第四册，上海古籍出版社，二〇一三年版。

其三

〔宋〕倪允文

學海聲名早，深山履滿門。聖時今武庫，太廟古犧樽。物外來詩興，杯中老醉魂。遯肥無起日，千古冷丘國[一]。

其四

〔宋〕朱倞

叩詔依然在，師謨去矣休。寧堪今世比，直向古人求。才逸巖間築，文應地下修。九京如可作，孰不願從遊。

五、杏溪先生暨子敬、子誠、顯齋四大儒傳[二]

〔清〕陳聖圭

大儒云者，闡揚百家，羽翼六經之謂也。吾婺自宋南渡後，東萊吕成公、龍川

〔一〕「國」字疑誤。

〔二〕原載於《義烏青巖傅氏宗譜》，傅典彝主修，民國十四年重修本。又見《金華宗譜文獻集成》，第四册，上海古籍出版社，二〇一三年版。

陳文毅公、説齋唐公，皆有功於聖經賢傳。吕公之學以聖賢之學自任，上接道統之重，唐公之學蓋深究帝王經世之大誼，而陳公復明帝皇王伯之略，而有志於事功者也。金華文獻之稱，此其自矣。吾鄉傅杏溪先生，遊唐、吕之門，講體用之學，以發明義理爲要，而期措於實用。故宏肆淵邃，自封建、井田、曆律、兵農、禮樂之制，靡不究其根本，訂其僞謬，事爲一圖，累至百，號曰《群書百考》，行於世者三十有二，藏於家者六十有八。大愚吕公見其《禹貢圖考》，曰：「是書可謂集諸儒之大成矣。」揭其圖，請其申説而命諸生以聽。一時名儒有若吕公東萊、朱公晦庵、馬公師文、孫公居敬、戴公少溪、黄公商伯、彭公子壽、章公懋獻、葉公適正、吴公德夫、汪公季路、黄公文叔，無不推敬。當路欲奏補以官，知不可屈，乃止。賓主之間，惟以義理相規切，不爲無益語。至其爲臺諫、爲執政，則絶迹不往。商伯持浙西庾節時，遺以錢五十萬，悉散親族鄰里，無一留者。晚益貧，郡守孟公、台州使君唐公，掇俸倡其親友，爲買田宅以居之。未幾，大愚吕公及一時名流皆在黨籍，相繼放逐。先生亦杜門不出矣。卒年六十有八。猶子定實從朱晦翁遊，潛心探索，遽稱高弟，考定《論語》，每與商榷，曾録其説於大全集。嘗寄書叩問十疑。

張南軒、陳北溪亦數相晨夕，二難之學固升堂入室，繼往開來，有功於聖門不淺也。大原，杏溪先生之五子，負笈從楊慈湖先生，登賢書本經第一，以聖賢經濟自任，不樂仕進，楊公器之，爲説以贈，得其理言奥旨，歸與諸兄弟參訂互考，以求其當一家作述，俱稱大儒云。其行事載在傳志中，不贅單表，其理學作四大儒傳。

處州府青田縣教授後學陳聖圭撰。

六、説齋學案[一]

〔清〕黄宗羲、全祖望

傅寅，字同叔，義烏人也，學者稱爲杏溪先生。自少神骨清聳，於經史百家悉能成誦。比長，益求異書讀之。説齋唐先生講學於東陽吴葵之家，先生之中表也，因從之質疑問難，皆有授據可反復。説齋喜曰：「吾益友也。」及聞其升陑分陜之説，語門人曰：「職方輿地，盡在同叔腹中矣。」先生於天文、地理、封建、井田、學校、

[一] 原載於《宋元學案·説齋學案》，黄宗羲原著，全祖望補修，陳金生、梁運華點校，中華書局，一九八六年版。

郊廟、律曆、軍制之類，世儒置而不講者，靡不研究根穴，訂其謬謬，資取甚博，參驗甚精。每事各爲一圖，號曰《群書百考》。大愚吕先生見其《禹貢圖》曰：「是書可爲集先儒之大成矣。」嘗延之麗澤書院中，列坐諸生，揭其圖，使申言之，且曰：「以所能者，教人所不能者。理之所在，初無彼此。」諸生弗以門户之見恥受教也，先生亦樂爲之盡。時人服大愚之善下，而益嘆先生之學之邃也。嘗舉文中子之説「人不里居，地不井授，終爲苟道」，反覆太息，謂：「《周禮》，太平之書。於時九等授田，家給人足，泉府之設，特以備凶荒，原非常用。況是書體有本末，用有先後，若大綱不舉，而獨行所謂國服爲息者，是猶取名方中百品之一而服之，及其害人，則曰爲是方者，固名醫也。熙寧諸賢，但知力攻青苗，而未知以此折之，是以不足以詘其説。」故先生之書，於成周制産分郊、作貢授賦之説尤詳。嘗徧遊江、淮，縱觀六朝故迹，南北形勝，證諸史牒，而得其成敗興衰之故，歷歷如指諸掌。然自經制事功之學起，説者病其疏於踐履，而先生之教人，則謂下學上達，各有次第，舉而措之，尤非可以一蹴語者。故其教人必先以小學，授以《曲禮》《内則》《少儀》《鄉黨》諸篇，故其日用之間，與義理相發明，而知道之與器未嘗相離也。先生精於古今軍制，而從未嘗教人讀兵書，曰：「胸中無《論語》《孟子》爲之權衡，遽聞譎詐之言，則先入者爲主，害心術矣。」蓋其所以學與所以教者如此。家居，非公事不至官府。長吏之賢者，或造而問政，則盡言無隱。人有隱被其賜者，而未嘗洩也。所與交遊，其官至執政，或臺諫，則不復與之通問。州里有事，以身任之而不辭。里中與馬師文、孫居敬最相契。永嘉戴少望聞其名，執贄願交。大愚之登朝也，累以先生之學行爲言。黄文叔與彭止堂輩争欲薦之，或言先生必不可屈，乃止。其後館於黄商伯之家最久，賓主之間，日以義利相箴切，不爲無益之語。先生既不仕，無禄，又不屑治生産，商伯持浙西庾節，遺以錢五十萬，先生悉散於宗族鄰里，無所留。晚益貧，太守孟猷聞而嘆曰：「不可使賢者飢餓於我土地。」乃捐俸以倡，諸好義者爲買田築室於東陽之泉村。黨禍既作，先生杜門不出。其詩閑遠古淡，有淵明、康節風。初，説齋以其學孤行，於東萊亦絶不通問。葉秀發、朱質雖以吕氏弟子來學於唐，而其統未合。朱子則互相糾奏，至先生始和齊斟酌，無復乖剌。先生諸子，大東承其家學，敦慤有父風，而大原從慈湖楊先生遊，從子定學於朱門。一家之中，旁搜博采，不名一師。

七、讀群書百考管見〔一〕

〔宋〕佚　名

竊聞司馬遷、劉歆、班固博極群書，以卒父業，心甚慕之。然今老矣，學不加進於父書，豈能有所增益，而其已成者詎可使之泯没散失而無傳哉？辛亥需次家食，撥置舉業，顓意古作，頤神數月，敬讀父書，或間以管蠡之見書下方之端，録其副，寶藏其舊，以俟家之能讀父書傳者，增光而潤飾之焉。因念昔先君遊唐、吕之門，講體用之學，退而雞窗月牖，朱黄不離於手，稽考必極其精，古之闕疑奥義，支分節解，若有宿契者，故欲爲《群書百考》，成其七十二而止焉。而鄉黨之士或慕功名之捷徑，改時文之要訣，枯花折葉，而本原之學輕矣。乃若命之天者，終不可以苟得也，而徒悔焉，則已無及，雖雅之小大得於過庭，軍之三單見於圖説，有司取之，其功反有倍於他日，以是知理患於不得明，義患於不能精，論世未

〔一〕原載於《義烏青巖傅氏宗譜》，傳典彝主修，民國十四年重修本。又見《金華宗譜文獻集成》，第四册，上海古籍出版社，二〇一三年版。

嘗不可也。惟吾同志勉之。

八、杏溪傅氏禹貢集解序[一]

〔清〕納蘭成德

義烏傅寅同叔徙居東陽之杏溪，著《禹貢集解》二卷，喬文惠行簡序之。其書先以山川總會之圖，次九河、三江、九江之圖，次及諸家説斷。其言謂「禹之治水，皆自下而上」，曰「治水者，必使其下能容而有餘，易泄而無礙，然後可以安受上流，而不至於衝激以生怒」，又曰「治其最下而速其行，通其傍流而使其中，無停積之患，則河之大體無足憂矣」。吾於其言默有取焉。惜乎是編流傳者寡，不見采於董氏之纂注，而焦氏《經籍志》、西亭王孫授經圖或以爲説，或以爲論，蓋未嘗見此書而著於録者。是本爲吴人王止仲藏書，其後歸於都少卿穆。其第一卷闕三十有七版，第二卷又闕其四版，驗少卿前後私印，則知當日已非足本，亟刊行之，俟求

〔一〕原載於經解本《杏溪傅氏禹貢集解》卷首。

其完者嗣補入焉。康熙丙辰納蘭成德容若序。

九、四庫全書總目·禹貢説斷提要

宋傅寅撰。寅字同叔，義烏人。嘗從唐仲友游，仲友稱其「職方、輿地盡在腹中」。是編其所著《禹貢圖説》也。案，朱彝尊《經義考》有寅所著《禹貢集解》二卷，通志堂嘗刊入《九經解》中。而《永樂大典》載其書，則題曰《禹貢説斷》，無集解之名。又經解所刊本稱原闕四十餘簡。今檢《永樂大典》，不獨所闕咸在，且其《五服辨》三千餘言，《九州辨》千數百言，較之原注缺文，多至數倍。又山川總會及九河、三江、九江四圖，經解俱誤編入程大昌《禹貢論》中，與其書絶不相比附。而《永樂大典》獨繫之《説斷》篇内。蓋當時所見，實宋時原本，足以援據。而經解刊行之本，則已傳寫錯漏，致并書名而竄易之，非其舊矣。書中博引衆説，斷以己意，具有特解，不肯蹈襲前人。其論《孟子》「決汝漢排淮泗而注之江」爲古溝洫之法，尤爲諸儒所未及，洵卓然能自抒所見者。今取經解刊本與《永樂大典》

互相勘校，補闕正訛，析爲四卷，仍題「説斷」舊名，而於補缺之起訖，各加注語以別之，庶幾承學之士得以復見完書焉。

十、金華文萃本禹貢集解序[一]

〔清〕胡鳳丹

宋義烏傅同叔先生博涉群書，撰述極富，所著《群書百考》世多不傳，學者惜之。是編乃其解《禹貢》者，先之以圖，次羅諸家之説，而後以己意折衷焉。本朝《四庫書目提要》稱其「具有特解，不肯蹈襲前人」，又稱其「論《孟子》『決汝漢排淮泗而注之江』爲古溝洫之法，尤爲諸儒所未及」。今取而讀之，考辨詳明，證據精審，洵不誣矣。考之《永樂大典》，題其書曰「禹貢説斷」，不名集解。而秀水朱氏彝尊所輯《經義考》則稱今名，凡二卷。通志堂刊於經解中者，亦因之。兹刻書名、卷數一如《通志堂經解》之舊，故不以「説斷」題篇。竊嘗論之，天下之大利

〔一〕原載於《金華文萃》本《禹貢集解》卷首。

在於水，天下之大患亦在於水，自《集解》一書出而江、淮、河、漢之形勢如馬伏波聚米爲山谷，一一悉在目前，苟於此融會而貫通之，復何慮水利之不興與水患之不去哉？古稱大禹治水爲天下萬世之功臣，然則先生其大禹之功臣乎？同治八年冬十一月，同郡後學胡鳳丹月樵甫謹序。